低成本创新

彭志强　陈　勇◎著

LOW COST
INNOVATION

中信出版集团 · 北京

图书在版编目（CIP）数据

低成本创新/彭志强，陈勇著．--北京：中信出
版社，2017.6（2017.11重印）
ISBN 978-7-5086-7758-3

I.①低… II.①彭…②陈… III.①企业创新
IV.①F273.1

中国版本图书馆CIP数据核字（2017）第 121655 号

低成本创新

著　者：彭志强　陈　勇
出版发行：中信出版集团股份有限公司
　　　　　（北京市朝阳区惠新东街甲 4 号富盛大厦 2 座　邮编　100029）
承 印 者：北京诚信伟业印刷有限公司

开　　本：787mm×1092mm　1/16　　　　印　张：8　　　字　数：84 千字
版　　次：2017 年 6 月第 1 版　　　　　　印　次：2017 年 11 月第 2 次印刷
广告经营许可证：京朝工商广字第 8087 号
书　　号：ISBN 978-7-5086-7758-3
定　　价：45.00 元

目录

第一章

事关国运——低成本创新

"距离已经消失，要么创新，要么死亡。"

——托马斯·彼得斯

过去企业家关注的通常是"常量"，但当经济格局发生巨大变化时，企业家应该特别关注"变量"。

　　互联网化、资本化、国际化三大趋势是企业发展的重要变量。为着力实现"创新、协调、绿色、开放、共享"的发展，2015年，"十三五"规划中提到的"供给侧结构性改革"成了中国经济改革的顶层设计，突破了原有的"经济增长三驾马车"的理论框架，中国经济开始从过去重点关注投资、出口、消费，转变为努力化解各行业的过剩产能、化解房地产业的过高库存、化解金融风险，同时注重简政放权，释放创新活力。这些新的发展趋势都是我国经济发展的重大变量。

　　洞悉"大势"，过去10年，中国经济的快速发展靠的是"工厂+房地产"的旧双轮驱动模式；但是今天，我们正在也必须进入到"创新×资本"的新双轮驱动模式，只有寻找新动能、转变新模式，才能进一步快速发展。

在中国努力跨越"中等收入陷阱"的特殊历史时期，国务院提出了"大众创业、万众创新"的纲领指引，引起了全民的广泛关注。

就"大众创业"本身而言，它表明一种人人皆有的创业权利，表明创业门槛降低后大众有了创业的可能性，创业并非少数人的特权。

在中国，"创业"是一个内涵丰富的词汇，它既可以指一个人在大城市萌发的创业梦想，是以做强做大然后上市为诉求，甚至是以改变世界为初衷；也可以指西部小镇青年的创业初心，是以过上幸福生活为追求的一家小镇小店；当然，它也包含大学生为解决就业问题的创业尝试。各种创业皆可进行，但我们希望讨论或操作时更有针对性，而不要以一概全。

创业本无对错之分，每个人各自的出发点和目的都可能不同，而且在不同的阶段和环境下也会发生变化。小镇青年的小小计划可能会成就世界级企业，沃尔玛公司即是如此；一个在中关村梦想改变世界的创业者最终可能只是养活了自己；而那个只是希望活得更好的大学生创业者也许最终改变了世界。这本无定论，变数甚多。

但是，无论创业的出发点和目的是什么，最终形成的具有竞争优势的企业都是那些有差异化、有创新性的企业，比如沃尔玛公司就是将极为普通的杂货店模式做出了差异化，实现了众多创新，成就了如今年营收近 5 000 亿美元的超巨型企业；又如阿里巴巴、京东对数千年的零售卖货模式进行了互联网化电子商务创新，成为中国新一代超级企业的代表；Uber（优步）、滴滴通过互联网在大众出行领域更是创造了新创企业崛起速度的新纪录。

通过创新增加优质供给、做好"乘法"，这是供给侧结构性改革的重中之重。因此，与之呼应，中国的"双创"应进入 2.0 新时代，倡导"创新型创业"，即以创新驱动创业，把创新作为创业的核心特征，推动中小企业实现更高、更快、更强的可持续发展。

1."大众创业、万众创新"的本质是"低成本创新"

低成本创新正成为全球潮流

目前，全球创新模式正在全面迈向"低成本创新"。

如今的硅谷，新创项目的种子期投资大都为 5 万~10 万美元，创业者以非常低的成本就可以迈出创业第一步。美国数以十万计的中小企业、新创企业都在致力于走创新差异化发展的道路，这种趋势推动了美国经济可持续发展。

当下，全球创新中心——美国硅谷主流的低成本创新方法论是"精益创新"，这一概念来源于精益创业。

"精益创业"由硅谷创业家埃里克·莱斯于 2012 年 8 月在其著作

《精益创业》（*The Lean Startup*）一书中首度提出，其核心思想受到了
另一位硅谷创业专家史蒂夫·加里·布兰克的《四步创业法》（*The Four
Steps to the Epiphany*）中"客户开发"模式的很大影响。创业与创新
起点或初衷可能不同，但其目标趋向一致，可谓殊途同归。所谓精益
创业，究其本质相当于"精益创新"。

何谓"精益"？"精益"意指没有浪费，即低成本。

当年，日本凭借"精益制造"（没有浪费的制造）创造了全球制
造业的奇迹；如今，美国硅谷凭借"精益创新"正在掀起新经济浪潮。
如果中国此次能够与美国同步运用"精益创新"的方法论指导中国的
创新及创业实践，则必将掀起更大的经济发展浪潮，实可谓国之大幸。

"大众创业"已具备现实可能性

在今天，大量的创业团队不必再购买服务器和存储设备了，它们
完全可以租用云服务以降低设备成本，跟使用电、水一样，用多少就
租多少。

创业者也可以通过共享办公空间（各类孵化器）来降低办公成
本，比如在 Wework（总部位于美国的众创空间）、优客工场等共享空
间办公。

从人员上讲，今天的人才竞争已进入"人力资本新时代"，创业公
司可以利用股权激励等方式降低早期薪水和人工费用的硬支出。

在"互联网+"时代，获得 10 万用户资源往往只需要几周时间，也几乎不需费用就可能做到了，创业企业在启动期的营销传播成本较之传统模式大为降低。

以上设备、办公空间、人员、营销等各种主要成本的革命性下降，使得创业创新成本也大幅度下降，成本结构将被彻底重构，这就为"大众创业、万众创新"奠定了现实基础。

只有低成本创新才能成就"万众创新"

创业成本的不断下降，使"大众创业"逐渐成为现实；与此同时，创新成本的降低也让"万众创新"变得更加清晰可见。"万众创新"需要低成本创新，从某种程度上讲，"万众创新"就是低成本创新。只有低成本创新，才能成就"万众创新"。

首先，技术研发与产能建设等认知中的主要创新成本已革命性地降低。

过去，我们对创新存在诸多误解，最典型的就是认为创新意味着高难度和高门槛。但是，在今天的"互联网+"思维和模式之下，创新不再是大企业的专利，每一家中小企业和新创企业都有可能大有作为。

创新事业中另外一个常见的误区是将"研发"等同于"创新"，将"技术"等同于"创新"。事实上，技术研发和创新之间确有紧密连接，但也存在着根本性的区别。

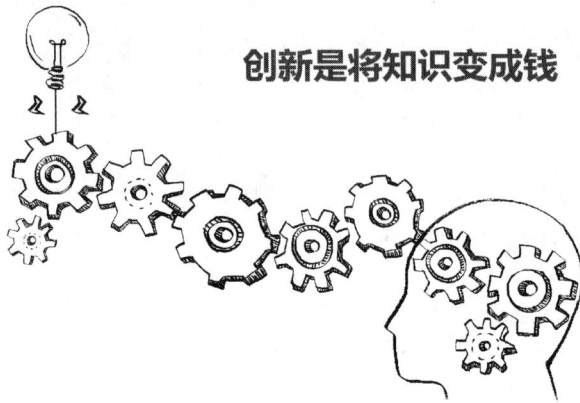

创新是将知识变成钱

图1

从某种意义上讲，研发是将金钱转化为知识（专利、非专利技术等），是花钱做积累；而创新的本质是将知识（包含技术等）转化为金钱，赚到更多的利润。所以，研发和技术是创新的组成部分，但不是创新的全部，更不能以偏概全，将两者画上等号，创新必须能够使技术研发成果实现商业化才有现实价值。

从全球创新实践来看，除了部分项目采用重大革命性原创技术之外，相当多的成功创新是基于洞察客户需求反向寻找技术或实现集成式技术应用，例如，美国苹果公司就是采用集成式技术实现成功创新的典范。

苹果公司重新定义了"手机"，但并没有投入大量经费自主研发尖端技术，而是在全球范围内广泛整合跨领域、跨国界的技术。例如，苹果手机屏就是整合了美国康宁公司研发的技术，将其在智能手机上实现了跨行业创新应用，如今它已成为全球手机屏的通用技术。这类技术整合大大降低了苹果公司的创新难度和成本。

即使是原创技术研发，如能做到聚焦客户需求，在此基础上亦将大幅度降低研发总投入和市场化风险。

所谓"低成本创新"，需要充分利用全球技术体系，以目标客户核心需求为导向，以商业模式创新和技术集成整合为手段，实现技术跨国家、跨领域的创新应用，以达到降低创新门槛和成本，推动万众创新的战略目的。

同时，在投资拉动的惯性思维之下，中国过去很多所谓的创新往往是投入大量资金用于土地、厂房、设备、模具等产能建设，而项目产出并不以市场需求为导向，其商业化和市场化的风险极高。

因此，"以销定产、反向重构"将成为新经济时代企业遵循的思维方式，即以客户需求为出发点，反向重构生产、研发等环节，而非传统的正向推演价值链。

另外，狭义地关注技术研发、产能建设，往往会将政府和企业置于两难的尴尬局面。一方面，进行创新是为了实现增长与突破；另一方面，这种创新的成本过高、风险过大，不一定能达到预期目的。时间一长，这种误区对创新环境的建设和创新氛围的营造就会产生伤害，使企业家谈创新色变，唯恐避之不及，同时对地方政府的信任也会逐

渐减弱。所以，构建以客户需求为导向的创新体系，有助于革命性地
降低创新投入与风险，使创新发展形成良性循环。

其次，创新方法论与工具极大地增加了创新大规模发生的可能性。

业内和媒体曾经热烈地讨论："中国能否培养出乔布斯？"其实，
乔布斯这样的人才不是被培养出来的，而是在市场竞争中演化出来的。

美国经济成功的真谛不在于诞生了乔布斯，这只是表面现象。没
有乔布斯，也会有"李布斯"，也会有"马斯克"，其成功也不仅仅是
苹果、英特尔、思科等大型企业的成功，而是源自数以十万计中小企
业坚持创新差异化的发展道路，从而形成了创新领域巨大的金字塔地
基，为美国经济的成功夯实了基础。

而美国众多中小企业之所以能够做到大范围的创新（即"万众创
新"），重要原因是以斯坦福大学为代表的智力服务机构致力于创新方
法论和工具的研究、培训与传播。

创新方法论与工具类似于音乐领域的"五线谱"。因为有了"五线
谱"，音乐才能在全世界范围内广泛地传播；因为有了"五线谱"，5岁
的孩子都能够学弹琴、弹好琴。而离开了"五线谱"，50岁的成年人也
不会弹琴，或只能乱弹琴。

商业模式、客户需求洞察等创新方法论和工具就是创新领域的
"五线谱"，它看似微小，实则是创新大范围、普适性发生的唯一有效
路径。

图2

这也是硅谷成为美国创新的核心，而斯坦福大学成为硅谷核心的真正原因，可见创新方法论与工具的研究、培训、传播之重要性。

中小企业在创新方面大有可为，较之大企业更有创新优势。哈佛大学著名创新大师克里斯坦森教授在其著作《创新者的窘境》(*The Innovator's Dilemma: When New Technologies Cause Firm to Fail*)中论述了一个观点：相比于大公司，中小企业在创新方面反而大有可为。

大企业擅长在成熟的大市场里进行"剩者为王"的游戏，却往往难以在今天的小市场和新市场上进行有效布局。对于广大的中小企业来讲，它们反而可以从今天的小市场、新市场入手，提早介入和布局，以培育属于自己的未来的大市场。当今天的小市场、新市场在未来成长为大市场时，其中的引领者自然而然就有可能成长为有规模、有影响力的大企业。大企业在创新时所面临的种种窘境，恰恰是中小企业创新的巨大机会。

在这样的理念下，中小企业需要避免两个常见的创新误区：

第一个常见误区是：努力在大市场、成熟市场上和大企业进行正面PK。这样的较量往往难以获胜，所以，我们应该选择一个差异化的新市场，并专注地在这个市场上进行深耕和拓展。

然而，也有一些企业已经专注在一个细分市场里面了，但它们为什么没有取得预想的经营成就呢？这就需要避免第二个常见误区：专注在一个注定无法长大的细分市场。俗话讲"选对池塘钓大鱼"，如果我们所选的细分市场缺乏成长空间，就会注定企业无法长大。

以盛景自身的创新实践为例，我们在7年前就开始引导中小企业家关注创新。在那个年代，企业家多忙于产能建设、房地产开发、高利贷经营，关注创新的人少之又少，所以，那时的创新服务市场还是一个小市场、新市场。

但是，在传统经营方式普遍难以为继的今天，创新服务市场就变成了一个大市场，未来还将继续成长为一个更大的市场。盛景正是通过充分发挥自身在创新服务领域的领先优势，实现了企业的快速发展。如今，盛景已经成长为中国最大的创新创业服务平台，已有约1 500家盛景学员企业在新三板挂牌，并获得超过150亿元的股权融资，数百家学员企业则正在积极准备申报IPO（首次公开募股）。

众多优秀企业和盛景的亲身实践表明，当我们能够在有足够成长空间的小市场和新市场提前介入和布局，我们就有机会成长为一家有广阔未来的创新型企业。我们相信：只要选对了路，目标就不会远。

今天，中国的"万众创新"必须避开过去"重资产"、"烧钱"等误区，走"低成本创新"的道路，通过广泛运用商业模式创新、MVP（最简化可行产品）、全球范围技术整合等手段，大大提高创新的成功率，减少创新的风险，降低创新的成本和门槛，由此全面推进"万众创新"真正普适性的发生。

"万众创新"并不要求每一家企业都成为苹果、微软，而是希望每一家企业都致力于走创新差异化的道路，致力于基于客户需求不懈地追求创新差异化模式。

"大众创业、万众创新"是符合国际最新发展趋势的判断与决策，但是要让其大规模、普适性的发生，就需要确立以"低成本创新"为核心的正确认知，需要围绕"低成本创新"建构一套完整的理论和实践工具，这对于提高创新创业的成功率，推动创新事业的普及具有极为重要的意义，对企业、对国家，都是如此。

2. 关于创新创业的四个洞见

"大众创业、万众创新"的浪潮正在中国大地蓬勃兴起，"双创"对于实现创新驱动发展、全面深化经济领域改革具有重要的支撑作用，这将是中国跨越中等收入陷阱的新动能，但是在现实中存在诸多挑战。

（1）创新比创业更重要

"创业"符合年轻人的内在愿望，比较容易推动。目前我国每天新注册的公司数量超过一万家，创业氛围浓厚，"大众创业"飞速发展。但是，在创业热潮中仍存在诸多误区。

例如，大学生创业风潮兴起，但对于多数大学生来说，加入一家中小企业比自己新创一家企业更为现实且值得鼓励，事实上也只有一小部分大学生具备新创企业的能力或必要性。我们应该鼓励大学生具有开拓实干精神，但并非每个人都适合当老板。

同时，相比"创业热"，中国企业创新能力的培养或者"万众创新"的发展则比较滞后。虽然新增了大量创业企业，但多数创业者并未创新。比如团购兴起后，立刻发生了"万团大战"的恶性同质化竞争，造成了创业资源的极大浪费，这也是大家对大众创业广为争议的主要原因。

如果任由"创业者不创新"的现状持续下去，则将导致大多数的创业项目失败，"大众创业"的号召也会被质疑并面临挑战，进而对中国经济转型产生负面影响。

相比之下，创业更容易，但其背后可能是同质化复制与抄袭；而且，创新更难，历经"一万小时定律"，其背后必然蕴含着开拓实干的创业精神。

所以，我们更应鼓励和弘扬"创新型创业"，这也是双创 2.0 升级版的含义所在。

（2）"加速"比"孵化"更紧迫

大众创业、万众创新，需要对于存量企业和增量新创企业进行科学合理的定义与定位。

增量企业指新创企业，这是非常重要的新生力量，但这类企业目前规模较小，需要长期培育。存量企业指现有规模以上的中小企业。存量并非是新创的企业，也不是大学生创立的企业，存量往往是指所谓的传统产业，而不是互联网、移动互联网的企业，其中绝大多数都是实体经济企业，如能借助创新资本的新动能，其增长空间依然巨大。

任何国家的经济总量在它达到平稳期的时候，都是以存量经济、存量企业为核心。所以如何解决存量的问题、推动存量的再发展，应成为政策制定的着力点。一旦我们忽略了存量，甚至让存量企业都觉得没有了奔头，这个政策的有效性就值得商榷了。

存量企业体量如此之大，占国民经济比重如此之高，对就业等影响如此之大，所以应该把主要的资源和精力投放在存量企业激活之上，这是国民经济的主战场、主战区。从这个角度来讲，我们应该更加重视中小企业的倍增加速问题，应该更加重视传统产业的创新发展问题。

那么，如何激活存量企业呢？我们必须依托创新和资本的新双轮驱动模式。对于 IPO 加速背景下资本市场的发展，我们寄予了极大的期待，因为资本市场是助推实体经济创新发展的核武器，将牵一发而动全身。

关于双创，我们过去非常强调孵化器，对于早期企业从 0 到 0.1 的孵化帮扶非常有价值。但我们必须认识到中国巨大的经济体量，需要在未来 5 年，甚至是更短的时间里跨越中等收入陷阱和应对经济下行的压力，这就体现出中小企业加速的重要性。

什么是加速？加速就是对于国民经济的主力军、主生态，即对于规模以上中小企业，进行倍增与加速。也就是让更多的中小企业可以实现从 1 到 2，到 3，甚至是到 10，它所创造的社会价值和重要性、紧迫性，大于从 0 到 0.1 的孵化阶段。

一方面，从务实的经济规律角度来看，现有规模以上中小企业的体量巨大，所以它只要稍微增长一点儿，对整个国民经济的影响和贡献就会更大。另一个重要原因来源于中国自古就有"宁为鸡头，不为凤尾"的观念。创业是很多人内在的冲动和愿望，所以从更大意义上来讲，我们可以做孵化，但无须耗费太多的社会注意力，我们需要把更多的资源放在中小企业加速倍增上。

正如"80/20 法则"所讲，我们应该把 80% 的人力、物力、财力放在现有中小企业加速倍增上，也就是邓小平同志所讲的"在发展中解决问题"，而不是停下来解决问题。

现在全国有很多孵化器，它们是弘扬首创精神的平台，应继续予以积极发展。广大中小企业是中国经济的重要组成部分，它们不处于我们通常认知的创业阶段，但是它们迫切需要创新和转型升级，我们可以称其为"二次创业"。这一群体已经具备相对完善的运行机制和经营能力，一旦通过创新与资本的新双轮驱动转变为新经济企业，便将迸发惊人的力量，实现倍增突破。

现阶段谈及创业，社会舆论、媒体、政府的着眼点大多是年轻人创业、大学生创业，这有失偏颇。对于中国转变经济增长方式而言，最为紧迫的是当今社会经济的主力军——中小企业的转型升级或创新（即"二次创业"），与年轻人所创办的新创企业需要"孵化"相比，中小企业创新成长更需要"加速机制"。

（3）"赋能"比"资本"更重要

当我们谈论创新的时候，我们会提及创新和资本的双轮驱动模型，资本是创新过程中非常重要的一个元素。但对于中小企业来说，"赋能"比资本更重要。

然而，从全社会的角度来看，企业家、媒体、政府对于赋能的重视程度都远远不够，大家认为它就是搞搞培训，作用有限。但硅谷之所以成功，不仅是因为有许多知名的风险投资家集聚在硅谷，还因为斯坦福大学积极推进中小企业的创新创业，对它们进行长期培训并传播创新方法论和工具。

今天中国的创新为什么那么难？原因就在于市场的主体，也就是中小企业不知道应该怎么创新。这就体现了赋能的重要性。如果我们想加速，就要提升能力。整个社会（包括企业家）改变对于学习的认知、改变对于培训的认知，是我们进行创新过程中至关重要的转折点。

如果全社会对赋能无法进行观念转变，创新就会一直停留在低水平状况，还会造成巨大的浪费。

"赋能"是一个相对广义的概念，赋能者通过创新方法论培训咨询、技术转移、资本对接、市场拓展、协助招募人才等各种灵活多样的方式方法，赋予中小企业更强大的经营能力，其内涵包括培育创能、激活动能、拉升势能等。这就要求赋能者本身具备强大的能力，才可能向他人赋能。

（4）"生态"比"单点"更有效

创新之所以具有较大的挑战性，就在于它对生态的集聚要求非常高。以硅谷和以色列为例，硅谷、以色列的创新中心具备典型的"虹吸效应"和"溢出效应"，即把全世界最好的创新元素汇聚到一起，再通过理念、价值观、爆款产品和应用等辐射到全世界。

硅谷把全世界最好的大学、最好的人才、最好的资本、最好的技术，以及最强大的市场能力，都凝聚在一起，使硅谷成为世界创新中心。今天，硅谷依然凝聚了全美 1/3 的风险投资，而且斯坦福大学目前也依然是全美创新教育领域的标杆。

今天，中国的创新发展应使中关村成为真正的全球创新中心，进而形成一批全国性、区域性、县域性的创新中心，应该各具特色及差异化。县域的生态创新、省域的生态创新、全国性或全球性的生态创新都有各自的方法与规律，不是千篇一律的。不管怎么运作，生态比单点更重要。

为什么我们现在很多地方都在讲创新，做出的效果却不理想？这是因为创新的生态系统没有建立起来，都是在单点运作。

创新的生态五要素必须齐全、聚集，能够产生化学反应：

第一，创新型人才。创新精神是企业家精神的内核。

第二，创新方法论和工具。创新是有方法的，就像音乐领域的五线谱一样。

第三，高精尖技术。技术驱动商业价值的理念正在被更多人接受。

第四，资本。风险投资和资本市场是对创新者最大的奖赏和鼓励。

第五，市场推广。创新产品在前期推广难度非常大，需要较强的市场推广能力。

离开这五要素，创新是不可能成功的。可见，生态比单点更有效。

中国创新事业的未来不在于培养几个超大型的跨国企业，而在于引导数百万、数千万的中小企业和创业者通过正确的方法走创新差异化的道路。因此，中国急需建立和完善"低成本创新"的理论体系和服务体系，消除企业、政府中诸多常见却顽固的误区，引导广大中小企业与创业者学习和实践低成本创新。

本书希望通过"商业模式创新"、"洞察客户需求的创新方法"、"创新精神与文化"等一系列思维方式、方法论和工具的阐述，指引创业者和中小企业走上"低成本创新"的正确道路，助力供给侧结构性改革，推动"大众创业、万众创新"大规模、广泛地发生，实现中国经济增长方式的转变，为中国创新型国家建设贡献微薄的力量。

第二章

顶层设计——商业模式创新

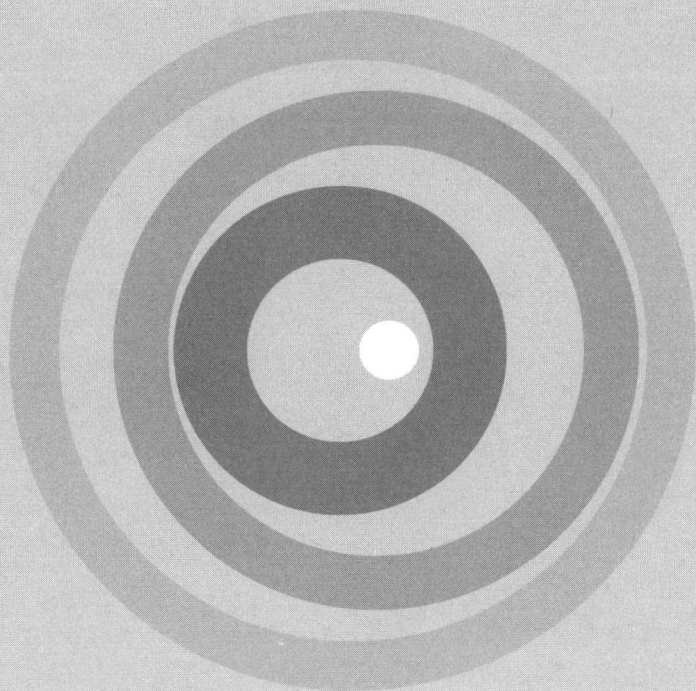

"今天企业间的竞争，已经不是产品与服务之间的竞争，

而是商业模式之间的竞争。"

——现代管理学之父彼得·德鲁克

2007 年年底，两个美国年轻小伙为了分摊房租，便想出了在客厅放置三张气垫床，然后出租房屋的创意。他们承诺为租客提供住宿和早餐，而且租客每住一晚他们就收取 80 美元。这个服务后来被称为 "Airbed & Breakfast"（气垫床与早餐），也就是房屋短租鼻祖 Airbnb（爱彼迎）的早期雏形。

如今，Airbnb 作为"共享经济"的典范，已经成为一种创新商业模式。Airbnb 的线上房屋租赁服务已经遍及全球 191 个国家的 6 万座城市，可供租赁的房间超过 1.5 亿间（但 Airbnb 并不拥有任何一间房屋的所有权），公司估值已超过 300 亿美元（截至 2017 年 3 月 31 日），成为仅次于 Uber、小米以及滴滴的明星独角兽创业公司。

Airbnb 打破了房东和租客之间的信息不对称，将酒店中的部分必须成本（如租赁地产、人员管理、雇用工作人员等成本）彻底消除，凭借成本的巨大优势和轻资产模式，毫不费力地扩张到世界各地；而且，它们对房间的选择注重当地的人文气息，可以让游客很好地体验当地人文风情，这也恰恰符合了近几年游客对旅游的新需求。

向租客和房东收取较低比例的佣金和费用，是Airbnb的主要收入模式。伴随着规模扩张与成本下降，这种商业模式逐步得到印证。公司创始人最近宣称，从2016年最后两个季度开始，Airbnb在全球已经整体赢利，预计公司将在2018年正式上市。

像Airbnb、Uber这种利用已有资源形成的共享经济模式，即一种"低成本创新"的典型模式。在经济发展新常态下，中国创新必须避开过去的误区与模式，走低成本创新的道路，广泛运用商业模式创新、最简化可行产品等工具和方法论，以极大地提高创新的成功率，减少创新风险，降低创新创业的成本和门槛，由此全面推进"大众创业、万众创新"真正、广泛地发生。

"低成本创新"不再是过去以技术研发为主的高门槛、高成本模式，而是主张以商业模式创新和技术整合为主要手段，实现技术跨领域、跨行业的创新应用，以降低创新门槛和成本。而商业模式创新等创新方法论与工具，则极大地提高了创新大规模、普适性发生的可能性。

基于商业模式在商业经营中的重要性，盛景研究院潜心研究6年，结合中国国情，创造性地为中国中小企业量身打造出系统性、完整性的"商业模式六式"方法论体系。本章将按照盛景"商业模式六式"系统性方法论的逻辑顺序，分别从目标客户及核心需求、价值链再造、收入倍增赢利倍增、革命性降低成本、突破扩张瓶颈、建立高竞争门槛这六大主题，系统性地阐述中小企业如何进行商业模式层面的设计与创新。

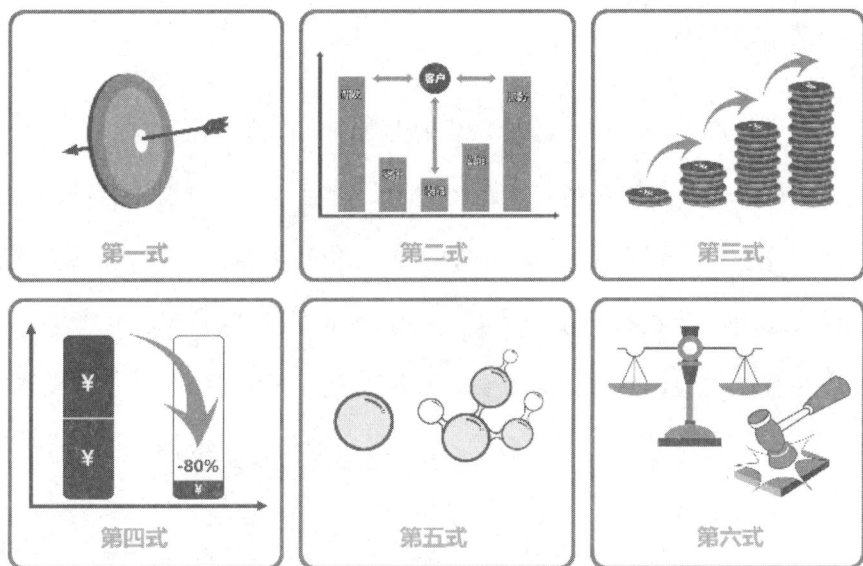

图3　盛景"商业模式六式"

1.精准目标客户定位、杀手级隐性核心需求

【核心观点】

随着一般性生产能力的过剩，商业经营的运行逻辑已经由"物以

稀为贵"迅速演变为"物以需为贵"。产品同质化竞争的本质是行业内竞争者在"满足相同客户的相同需求",而要走出同质化竞争、价格战怪圈,就必须要用科学方法精准定位企业的核心客户群体,探求客户杀手级隐性核心需求,力争做到"一米宽,一百米深"、"不同的客户,不同的客户需求",以此为起点开展商业模式创新。

精准客户定位

在设计商业模式时,首要工作就是选择和定义精准目标客户。在这个阶段,最忌"老少皆宜、全部通吃"。也许企业经过长期发展成长为超级企业后,可以做到多元化,客户定位也变得大而全,但是在商业模式起步阶段不要认为自己是"赢者",而可以"通吃"。

在开始阶段,企业必须找到一个精准的、"不同的"客户群切入,限制在"一米宽",切入越精准,成功越可期待,在取得初步成功后,再逐步拓展客户群。

精准的目标客户定位要求我们给客户画好"素描像"。当你有了一幅清晰的素描图像后,就可以低成本、快速、精准地找到你的目标客户,素描越准确,企业进入市场的成本越低、风险越小、收入扩张速度越快。反之亦然。

精准目标客户定位包含两大关键词,即"准"和"不同"。

"准",首要难度在于克服企业家贪大求全的思维惯性。在新常态下，中国中小企业迫切需要从"传统制造思维"转向"市场思维、客户思维"，它们会普遍感觉不适应和痛苦，但这恰恰是商业模式创新的前提条件，也是洞察客户杀手级隐性核心需求的前提条件。

图4

"不同"是指所选择的核心客户与其他企业应有明显区隔。现在多数企业已陷入同质化竞争，正是源自它们满足了相同客户的相同需求。如果在原点层面服务于"不同"的客户群体，那么就可以比较轻松地避开激烈的"红海"竞争，为创新提供较好的环境与基础。

杀手级隐性核心需求

精准目标客户定位后，还需要挖掘出目标客户杀手级隐性核心需求。一个企业能够满足客户的小需求，那么它仅是一个可以生存的企业；如果能够满足客户的核心需求，它就可以迎来快速的发展；而如果能够满足客户的杀手级隐性核心需求，那么它就有可能成为一家优秀的公司，成为一家（挂牌）上市公司，甚至成为一家伟大的公司。

到底什么是目标客户的杀手级隐性核心需求呢？

所谓"杀手级"，是借用了IT行业"杀手级应用"的提法。当客户遇到这个杀手级的产品或服务以后，感觉很受震撼，觉得"相见恨晚"，往往自觉自愿购买，这就叫"杀手级应用"。

那么，什么是"隐性需求"呢？我们总结了两类隐性需求：第一类需求是往往在行业内众人皆知，但是尚未被行业内任何企业所满足，这种需求"找到容易，实现难"；第二类需求是客户尚未发现、尚未表达的需求，这类需求"找到难，实现起来相对容易"。

如果说精准客户定位叫作"一米宽"，那么杀手级隐性核心需求就是"一百米深"，能够真正找到客户的"刚性痛点"。只有首先做到目标客户定位的"一米宽"，才有可能做到隐性核心需求挖掘的"一百米深"！

图 5　"一米宽，一百米深" vs "一百米宽，一米深"

正如前文所述，中国中小企业对精准客户定位和杀手级隐性核心需求普遍反映较难驾驭，存在较为普遍的畏难情绪，其本质是从"传统制造思维"转向"市场思维、客户思维"的不适应和痛苦感。但这一问题解决不了，商业模式创新就无法启动。

定义与选择精准目标客户群越清晰越独特越好，如果一个企业与市场主流企业或竞争对手的主要目标客户群截然不同，那么，这个企业或许就能开创一个全新的卓越商业模式，就能开创出一个无人竞争的"蓝海"市场。

2. 系统性价值链

【核心观点】

"系统性价值链"是从价值链的角度思考商业模式创新，并联合价值链各个环节共同形成一个完善的商业生态系统，这是商业模式设计应有的境界。

"系统性价值链"需要企业进行商业模式设计时开展价值链系统再造这个重要环节。当目标客户定位清晰、抓住客户核心需求后，我们就知道在整个系统性价值链条上"利润池"在哪里，企业资源应该如何倾斜性地投入到哪个价值链环节。通过系统性价值链的再造、重塑，将进一步提升商业模式的竞争力和独特性。

"系统性价值链"包含了各产业共通的"环节价值链"和每个产业各自的"上下游价值链"。

所谓各产业共通的"环节价值链"，最经典的描述是宏碁集团施振荣老先生提出的"微笑曲线"。下图则是盛景在传统价值链微笑曲线基础上，进一步提升和总结出的"以客户为中心"的微笑曲线。

盛景版微笑曲线为中小企业在价值链再造上找到了一个核心"抓手"，那就是"以客户为中心"。只有迎合核心客户的核心需求，价值链再造才有其现实意义和商业价值，这也再次证明了"客户需求"是商业模式的起点！

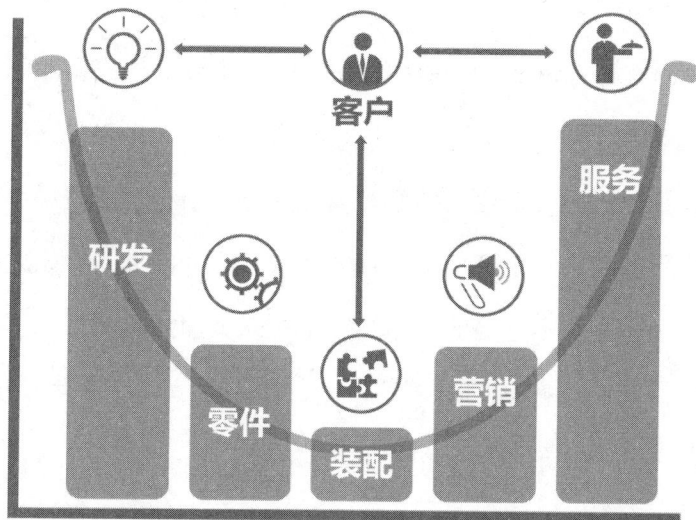

图 6 盛景"以客户为中心"的微笑曲线

中国中小企业过去 30 年将财力、精力都投入到传统的"生产组装"环节，表现为重资产、低附加值的价值链底部模式。在当前"产能绝对性过剩"的大背景下，这种模式投资额大、风险大，也无法获得合理的利润。所谓"转型升级"，就是中小企业需要从价值链的底部向价值链两端转移，从而获得合理乃至超额的利润。

在现代企业经营中，如果坚持以"客户为中心"的经营理念，就让我们更容易理解为什么生产环节是低附加值环节了。因为生产组装是离客户最远的环节，而营销、服务环节往往既是轻资产的环节，也是离客户最近的环节，所以最受客户关注和重视，获得更高利润自有其必然性；而研发环节也应基于目标客户的需求才能有效实施，这是离客户最近的环节之一，也是获得高附加值的价值链环节。

企业的核心竞争能力来自差异化，同质化无法构成企业的核心竞争力。土地、厂房、设备等要素均是同质化能力的代表，无法构成差异化，也就无法构成企业的核心竞争能力。在中小企业资源有限、一般性产能严重过剩、生产环节投入大风险大附加值低的背景之下，中小企业应坚决避免不适当的一般性产能投入，而要将更多的资源、财力投入到微笑曲线两端的研发、营销、服务环节，寻求差异化发展，从而赢得真正的竞争优势，形成核心竞争力。

当然，在C2B（消费者对企业）趋势下，大规模个性化生产交付能力是客户个性化需求所驱动的新型能力，代表了新的发展方向，具备独特的价值，而其显然也已经超越了传统制造业的简单生产组装的范畴，需要从客户需求出发反向重构和再造价值链的各个环节。

中国企业的发展大致经历了三个历史阶段，目前正处于从第二个阶段（大规模同质化）向第三个阶段（大规模个性化）迈进和演化的过程之中。

第一个阶段是"小规模个性化阶段"。在这个阶段，客户个性化需求得以满足，但是企业缺乏规模效应，成本较高，无法复制和壮大。这个阶段被认为是缺乏竞争力的小作坊时代。

第二个阶段是"大规模同质化阶段"。在这个阶段，工厂通过规模化生产的产品都是一样的，客户共性需求得以满足，而客户个性化需求通常被忽略，企业方的规模效应大大提升，成本得以大幅下降，这也成就了中国制造业的黄金时期。以上两个阶段就是过去30年中国经济所走过的道路。

第三个阶段即"大规模个性化阶段"。在这个阶段，客户个性化需求全面苏醒并不断延展，客户消费升级主要就是彰显个性化需求，而企业方通过逐步运用互联网有关技术、3D打印等新的柔性生产技术，得以在成本可控、规模可复制的前提下满足众多用户的个性化需求。

国际大企业在过去100年里已走过了前两个阶段，目前正进入第三个阶段；而中国企业将前两个阶段浓缩在30年之内基本完成。那么，在"大规模个性化"第三个阶段来临之时，中国企业能否与全球同步，甚至是借助"后发优势"引领第三个阶段的发展，事关中国企业在未来30年能否继续保持或进一步提升竞争力。

在分析了各产业通用的"以客户为中心的微笑曲线价值链模型"后，我们再来分析每一个产业所独有的"上下游价值链"。

因为互联网化、国际化、资本化等商业世界三大"变量"的合力影响，各个行业的"利润池"正在发生巨大的变化，原有的"利润池"正在发生迁移、干涸、消失（例如传统的书店、售票点正在被边缘化），而新的"利润池"正在涌现和发育之中（例如蚂蚁金服、京东金融等互联网金融业务强势崛起），各个行业的价值链环节正在发生巨大的变化，原有的价值链环节可能正在消失或弱化，变得可有可无，或者即使存在也是利润微薄，而新的价值链环节不断出现，有的甚至是强势登场。

微信之于移动通信行业、支付宝之于银行业、滴滴快车之于传统出租车行业，都是颠覆了传统的价值链环节，颠覆了原有的"利润池"，是价值链颠覆与重塑的典型行业代表。

基于价值链再造与重塑所设计的商业模式才是一个"登高望远"的企业成长规划中至关重要的一方面，这也使得商业模式设计成为明显区别于产品、销售等微观层面主题的"顶层设计"。当然，企业经营的宏观层面与微观层面之间既有明显区别，也是紧密衔接的，它们最终浑然一体，构成了完整的企业经营系统。

3. 收入倍增、赢利倍增

【核心观点】

当我们找到了精准的目标客户，找到了目标客户杀手级隐性核心需求，找到了满足这些需求的实现方案，并且研究了行业的系统性价值链之后，我们就有了坚实基础来深入分析商业模式第三式——收入倍增、赢利倍增模式。赢利是企业生存和发展的基础，赢利倍增是企业更快发展的主要途径和推动力。

收入倍增模式的经典范例是"开门性业务＋高利润业务"组合。例如"惠普打印机＋墨盒",或者是"吉列刀架＋刀片",它们通过"开门性业务"迅速获得广大的用户群,通过"高利润业务"获得真正丰厚的利润,实现收入倍增、赢利倍增。

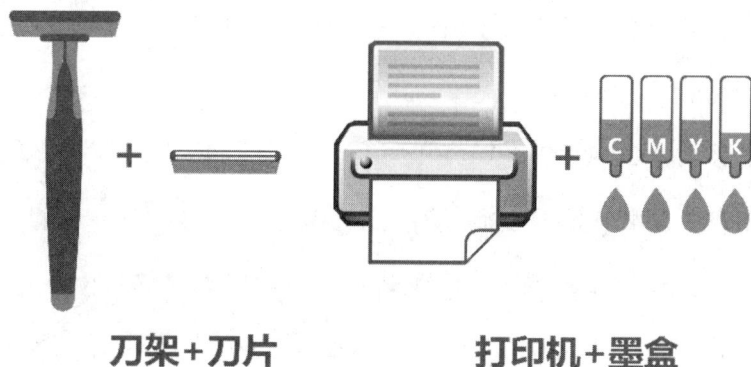

图7　"开门性业务＋高利润业务"组合

企业商业模式设计中如果没有明显的"开门性业务",那么即使企业产品毛利率较高,也会因开拓客户群非常艰难而最终难以规模化,无法实现收入倍增;相反,如果企业商业模式设计中有一个可有效获得广泛目标客户群的"开门性业务",但缺乏"高利润业务"高效变现,那么企业可能就会陷入客户很多但最终依然利润微薄的局面。并且,企业商业模式需要将"开门性业务＋高利润业务"形成极为紧密的结合与连接,实现较高效率的转化,否则也无法达到预期效果。

以互联网语言来解读"开门性业务＋高利润业务"，即为"导流业务＋变现业务"。以市值约 2 000 亿美元的腾讯公司为例，其 QQ 软件即是"导流业务"，为其低成本快速地引入海量网民，而后通过游戏业务获得惊人利润，实现客户流量变现。百度公司市值超过 500 亿美元，网民可免费利用百度进行任何信息的搜索，这为其导入惊人的流量，而通过企业级客户投放搜索引擎关键字广告，百度公司使海量用户的流量实现了商业变现。

在移动互联网世界，导流和变现都有了新的变化。腾讯借助微信已经实现了移动端的"导流"转化，所谓拿到了移动互联网的第一张船票，同时移动端游戏类型的不断丰富也拉动了游戏业务持续增长。目前，腾讯移动游戏平台已覆盖了国内超过 80% 的移动游戏玩家，而

图 8

移动支付等新的变现业务开始带来新的赢利可能，这也是为何腾讯市值能够很快达到数千亿美元的原因。

企业收入倍增、赢利倍增的核心，需要设计和评估"导流+变现+连接"这三个关键词，如何能够更快速、更低成本地获得客户？在获得客户后，如何将客户流量转化为利润？客户流量够大，变现业务赢利能力够强，两者之间的连接够紧密，就能构成一个利润丰厚的商业模式，无论在互联网行业还是传统行业都是如此。

4. 革命性降低成本

【核心观点】

在第三式中，我们讨论了商业模式中的"开源"部分，第四式我们将进入商业模式中的"节流"部分，也就是如何革命性降低成本。

这里的关键词是"革命性"。如果企业的成本下降了20%，那是优化流程、提升效率的结果，很有价值，但在商业模式层面谈的成本降低不是20%的下降，而是彻底去除某类成本或者是将成本降低到只有原来的20%以下。同时，还要特别强调，此时客户满意度却并不下降，这才能被称为商业模式层面的"革命性"降低成本。

降低成本是企业都非常关心的问题，尤其在当今各类成本都在不可逆转地上涨的大势下，更加凸显"革命性降低成本"对中小企业的重要价值。

革命性降低成本的方法众多，其中较为典型的方法是"除法"，形象地比喻就是"挥刀自宫"，即找到重要的成本并彻底把它消除掉。所选成本项越核心、占比越大，"挥刀自宫"的效果就越好，革命性降低成本的效果就越发明显。

驾驭"除法"的捷径在于回到第一式"精准客户定位、杀手级隐性核心需求"，只要核心客户的核心需求确定了，那么，降低哪方面的成本就会一目了然。凡是与核心客户、核心需求无关的成本，就极有可能是可被革命性消除的成本，而且还不会降低目标客户的满意度，因为它本身就是不需要的。

过去，中国企业的本能潜意识是"多招人、多做事"，但细细想来，很多企业做了大量核心客户并不关心的事情，"吃力不讨好"，这部分成本都是白白支出的。

所以，在商业模式设计层面，在第三式"收入倍增、赢利倍增"中，企业家应追求"乘法效应"；在第四式"革命性降低成本"中，企业家应追求"除法效应"。如果左手做乘法，右手做除法，两手都抓两手都硬，那么企业获得丰厚的赢利就水到渠成了。

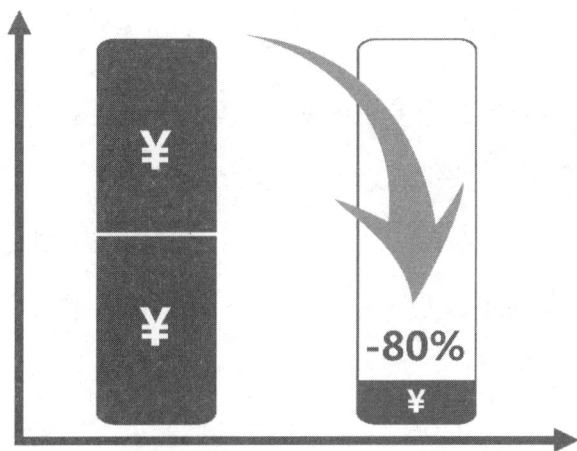

图9 革命性降低成本

5. 自我可复制

【核心观点】

　　一个企业在扩张过程中，通常会遇到各种瓶颈，比如资金、人才等。遇到瓶颈是企业成长的必然，有效突破瓶颈才能实现企业的持续成长与发展。在商业模式设计层面，我们能否事先发现瓶颈，提前采取有效的模式设计避免或突破潜在的瓶颈，这才是企业的关键能力，它决定了我们的商业模式能走多远，我们的企业能走多快，这也就是自我可复制的问题。在商业模式层面影响自我可复制的因素中，最主要的是资金和人才两大瓶颈。

突破资金瓶颈

在中小企业成长的众多瓶颈中，最为显性的就是资金问题。俗话讲，"巧妇难为无米之炊"，资金已经成为很多企业持续扩张的瓶颈。

在商业模式设计阶段，怎样设计一个"轻资产"模式，从商业模式设计层面降低对资金无休止的依赖，是我们应该重点思考和解决的关键性问题。

中小企业应立足于建立"轻资产"的商业模式，从而减少中长期对巨额资金无休止的依赖和饥渴。这种做法一方面立足于将命运掌握于自身的"自救自保"。毕竟能够引入战略投资、上市的企业还是少数，更多的中小企业如果想将命运真正掌握在自己手中，就必须减少中长期对巨额资金无休止的依赖和饥渴。

你与其抱怨为何得不到巨额资金支持，还不如认真去想想这些资金真的是你必需的吗？真的不能设计一个轻资产商业模式，以减少对资金的需求吗？

另一方面，这个时代是"快鱼吃慢鱼"的时代，互联网化、国际化、资本化共同导演了当今商业世界的彻底重构，"时间"正在被无限地缩短，"空间"正在被无限地放大。所以，今天再也不是"大鱼吃小鱼"的时代了，当今的天下是"快公司"的天下，只有"轻资产"的公司才能成为"快公司"，而"重资产"的公司因为包袱过重，灵活性降低，转型和创新的难度较大。

所以，无论从新时代经营哲学的顶层设计角度，还是从中小企业务实自保自救的战术层面，"轻资产"的商业模式都应该成为中小企业的首要选择，而这将根本性地降低中小企业对资金无休止的依赖和饥渴，从而使得中小企业可以低成本、高效率地突破资金瓶颈，实现企业的快速发展。

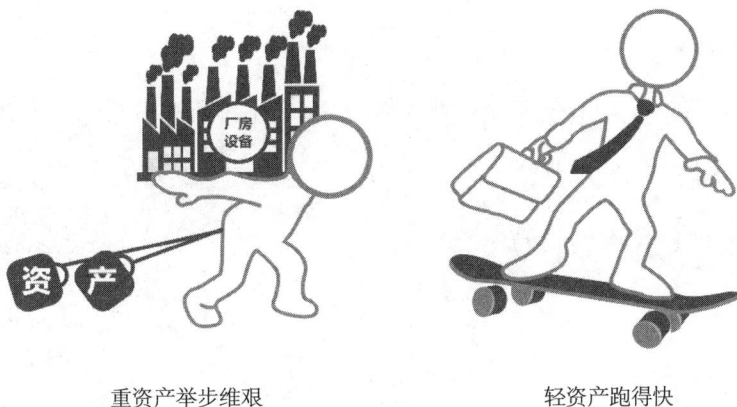

重资产举步维艰　　　　　　　　轻资产跑得快

图 10　轻资产vs重资产

所谓"轻资产"模式，是针对每一家企业自身的中长期资金筹措能力而言的，意指如果中长期资金筹措能力不强，那么企业固定资产投入占企业总资产比重不宜过高。当然，如果企业通过引入VC（风险投资）、PE（私募股权投资）等战略投资者或上市增大资本金，在增强企业的抗风险能力之后，企业可以侧重投入产生核心能力的某些关键环节，以形成竞争壁垒。

突破人才瓶颈

除了资金瓶颈外，我们在企业扩张过程中还会遇到一个常见的瓶颈，那就是人才瓶颈。这里不是谈人才"选、用、育、留"的操作层面问题，而是在企业快速扩张过程中，如何从商业模式"顶层设计"的高度减少对人才的依赖，这也是在商业模式层面需要解决的又一个关键性问题。

为了突破人才瓶颈，企业在思考和设计商业模式过程中，必须通过"标准化"能力满足客户的核心需求，大大降低对人才的过度依赖。企业实现自我可复制的基础是"标准化"，"标准化"往往是商业模式

图 11

低成本创新和复制的关键要素。

在商业模式层面所谈的"标准化",并非停留在流程、SOP(标准作业程序)等微观操作层面的"标准化",而是在宏观顶层设计层面的"标准化"。

首先,不同商业模式内在的"标准化"程度、可复制程度有着天然的区别,所以商业模式的选择与设计非常重要。

例如,在餐饮领域,面条、火锅、饺子等品类的可复制性就明显高于"商务正餐",因为前者不依赖于厨师,"标准化"难度自然就低于后者,所以诞生了味千拉面、呷哺呷哺火锅等较为成功的餐饮连锁企业。

其次,以大历史的视野解构,"标准化"在中国乃至全球的企业发展中也经历了前文所述的三个发展阶段,即"小规模个性化阶段"、"大规模同质化阶段"和"大规模个性化阶段"。

大规模个性化难度较大,但是"个性化"并不意味着企业内外部每个环节都要个性化,它主要体现在消费者或者最终客户的体验上,指消费者体验到的或者在他面前所呈现的环节是"个性化",而企业的内部运作则需要迈向标准化运营。"大规模"实现了企业的低成本,"个性化"则实现了更高的客户满意度;企业自身低成本和高客户满意度的完美结合,才是真正高水平的"标准化",这也才能助推企业突破人才瓶颈。

6. 控制力与定价权

【核心观点】

实现了自我可复制后，如何做到他人不可复制呢？这就涉及企业的控制力与定价权问题。高控制力意味着定价权，而定价权则意味着可持续的高利润。这也就是投资大师巴菲特所说的"坚持投资有护城河的商业模式"。

持续高利润源于高控制力和定价权，而控制力和定价权往往源自对核心资源的掌控——这有可能是先天性的资源，也可能是后天建立的，可能是与生俱来的，也可能是通过并购、整合获得的资源。

控制力与定价权通常来自差异化，即"你有他无"或"你多他少"。如果企业的差异化能进一步实现稀缺性、独占性，那么企业就有了控制力和定价权，即"一夫当关，万夫莫开"。

这就要求企业先判断所在行业或市场中何为核心资源，而后将该核心资源尽可能地牢牢掌握。通常来说，企业可通过控股、参股或者是独家长期协议等方式控制关键性核心资源，以实现较强的锁定性。

不同行业中的核心关键资源可能会有较大的区别，它可能是上游供应链的稀缺资源（例如原产地保护、稀缺原料的控制权等），或是下游庞大客户资源的关键性入口，或是独特选择的终端资源，或是一项文化遗产（如老字号品牌或特殊配方），也可能是长期持续的快速研发能力等。

图 12 控制力与定价权

总结

商业模式是企业经营的"原点"，需要不断打破惯性思维、大胆创新，运用"客户思维、市场思维"，从第一式精准目标客户定位、杀手级隐性核心需求为起点，逐渐延展到第六式，从而梳理或创新系统性商业模式规划。

那么对于企业来说，什么才是好的商业模式创新呢？我们可总结为一句话，就是"有亮点且无致命弱点"。中小企业不要奢望在商业模式的每一式都有亮点或独特之处，这是不现实的。六式中只要有两到三式有亮点，在创造客户价值方面与竞争对手实现差异化，同时，其他几式没有明显的漏洞或致命的问题，这就算是一个非常优秀的商业模式，可以全速前进了。

在商业模式的设计过程中，如果想真正实现低成本创新，精准目标客户及核心隐性需求挖掘是最为关键的环节。从企业的经营实践来看，这也是最有难度的环节。如果商业模式是企业经营的原点，那么第一式"精准目标客户定位、杀手级隐性核心需求"就是原点的"原点"。

第一式是如此之重要，但多数中小企业对此却缺乏应有的认知与掌握。因此，盛景创新研究院在与众多国际创新顶尖机构深度交流的基础之上，结合中国中小企业的特征和中国市场的独特性，研发了"基于客户需求洞察的创新方法"体系，使客户需求洞察的过程有形化、可视化。

在下一章节中，我们将讲述盛景创新八步法，这将是"低成本创新"的起点。

第三章

从源头开始——基于客户需求的创新方法

正如前文所述，中小企业在创新过程中要格外重视"不同"。做企业，"不同"比"更好"更重要。"更好"是管理提升，而"不同"才是创新突破。"不同"，不仅是产品的不同，与竞争对手相比，企业应聚焦于不同的客户，进而满足这些客户不同的需求。如果企业实现了"满足不同客户的不同需求"，那么差异化就显而易见，也就找到了商业模式创新的原点。

客户需求洞察，尤其是杀手级隐性核心需求的洞察，不是一件靠拍脑袋就能完成的事情。如何能高效、准确地挖掘最核心客户的最核心需求，就成为创新者们最需攻克的一道难题。

盛景创新研究院对美国硅谷、以色列等地中小企业创新进程进行深入研究后发现，客户需求洞察有科学、系统的方法论与工具，而这些方法论与工具的有效实施和运用，正是硅谷等全球创新高地众多优秀创新企业的成功秘诀。盛景结合全球创新实例和自身近十年的创新服务实践，提炼和总结出了符合中国中小企业现状的、基于客户需求洞察的低成本创新方法。

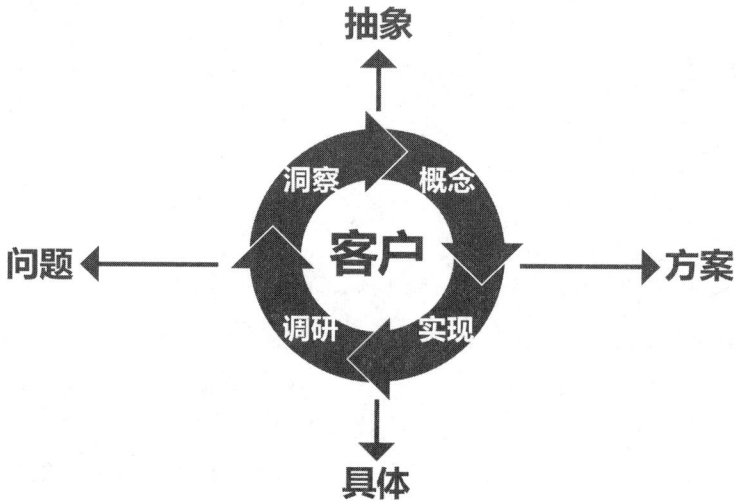

图 13

当我们运用这种以设计思维和精益创新为核心的创新方法论，重新审视客户需求、洞察全过程时，整个创新的过程就变得一目了然了。具体操作可分为以下四个阶段：

具体问题阶段： 创新时，企业必须先问清自己应聚焦于哪一核心业务、应抓住哪一类客户群体，并通过实际的调研挖掘特定客户的具体问题，形成对这一类客户在使用产品和服务全流程中的"痛点"的认知；

抽象问题阶段：从众多的现场抱怨声中寻找灵感并提炼为最需解决、最值得解决的目标客户核心需求；

抽象方案阶段：进而基于这个需求原点不断创造性地进行思维发散，探索尽可能多的解法，并甄选最优解法；

具体方案阶段：在方案验证和迭代的过程中，我们秉承以精益的方式、用最简可行产品的形式最快速地进行核心客户的验证及产品迭代，重新回到特定的客户群中测试和验证，以最小代价、最短时间来试错，从而大大降低了创新前期的盲目投入和不可承受的失败后果，从而更加有效地、更低成本地推进创新事业。

这种在具体和抽象、问题和方案之间快速试错的低成本创新方法，是经过数千家中小企业实践和锤炼而磨砺出的、被证明行之有效的客户需求洞察过程的高效方法。

1. 调研：找准"一米宽"，在具体场景下深挖"痛点"

调研是最易被忽视但又最需下苦功的阶段，也是本章需着重阐述的部分。到底要调研谁？如何调研才真正有成效？——传统的调研方法事倍功半，甚至适得其反，正是因为未能有效地解决这两大关键问题。

那么，如何科学地将调研对象聚焦在特定的细分客户之内？这类客户是谁？他们在哪？怎么接近和了解他们？又该在调研中重点关注和挖掘哪些环节上的哪些重点问题？

【核心观点】

当我们洞察客户需求时，必须首先明确自己的核心业务，并摆脱"人人都是我的客户"的思维，围绕一类特定的核心客户群聚焦，通过多维度的切分归类，从中有效识别并重点关注真正需要的"天使客户"。

对这些核心客户进行深入观察和访谈，会让我们获知他们更多的细节信息，形成初步的信任和温度感，进而帮助我们梳理客户对产品服务的完整使用流程。而在形成完整流程的过程中，我们通过确认关键节点，有针对性地挖掘客户现场的大量痛点，从而引领我们找到特定客户方向上尽可能多的、不遗漏的具体问题，有效达成调研目标。

一米宽：多个维度切出精准客户定位！

"聚焦主营业务、聚焦特定用户"是找到调研对象的重要一步，也是实现整个创新事业的关键前提。越优秀的企业，往往聚焦做得越好。以色列科技制造企业伊斯卡（ISCAR）公司就是一个典型的例子。

伊斯卡公司是一家看起来再寻常不过的企业，它从事的是金属切割刀具这样的传统制造业。相比于品质相差无几的中国刀片，伊斯卡的刀片价格至少是我们国内同类产品的两倍。也正是这样一家占地只有 50 亩、员工总数只有 400 人的企业，让晚年的巴菲特斥资 60 亿美元将其全资收购。我们怀着极大的好奇心，曾多次探访这家企业。事实证明，伊斯卡的成功绝非偶然。

首先，伊斯卡并没有把全部有金属切割刀片需求的工业制造企业都当成自己的客户，而是将目标客户严格锁定在全球 500 强中的制造企业，在全球 54 个国家设立了加工基地和制造中心。除此以外的客户，它绝不会考虑。

正是这种在客户聚焦上的"倔脾气"，为伊斯卡后续对世界 500 强企业在刀片的采购、使用、补充、维护等各个环节的深度服务打下了坚实基础。对于这些制造企业来说，切割设备上的刀片一旦需要更换，往往会引起停工停产等连锁反应。越是大型的制造企业，就越无法接受这种停工损失。"杜绝刀片补货不及时导致的停工停产"就是多年来伊斯卡为它的客户挖掘的核心痛点。

十多年前，伊斯卡就通过与国际物流巨头合作，承诺 24 小时内将刀片送达它的任何一家客户，这一点已经远远领先于业内同行。

但这还不够，如今，伊斯卡更是通过多年研发的一套 Matrix 箱式设备，将刀片替换时间从过去的几天压缩到了一分钟，牢牢占住了全球大型制造企业对工业刀片的需求入口，由此形成了自己的核心竞争力，也完成了从一家单纯的刀片生产企业向"高端制造企业提供供应链解决方案的服务商"的成功转变。

　　未来，伊斯卡还计划将 3D 打印和工业数据采集等技术运用到 Matrix 箱子中，一举将刀片的库存和生产环节全部推到客户端，真正成为一家极致轻资产的智能制造甚至大数据公司。未来的想象空间无法估量。

　　试想，如果伊斯卡在最开始就将所有工业制造企业的刀片需求都照单全收，也就无法专注于对先进的大型制造企业的核心需求的洞察，更无法实现从刀片制造到供应链服务商的突围了。

　　那么，我们如何实现科学有效的客户聚焦呢？先看这样一张工具图：

某消费类企业的客户聚焦

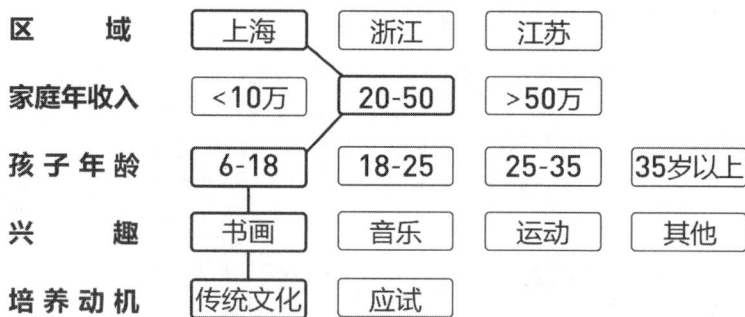

区　　域	上海	浙江	江苏	
家庭年收入	<10万	20-50	>50万	
孩子年龄	6-18	18-25	25-35	35岁以上
兴　　趣	书画	音乐	运动	其他
培养动机	传统文化	应试		

图 14　客户聚焦图

　　假设我们的产品和服务属于 B2C（企业对消费者），面对的主要是消费者群体，如果我们能像上图一样，首先将年龄、性别、年收入、地域等标签，当成一把把的"刀"放在左边，再将这些维度对应切分出来的区间块放在右边，形成这样的一张"客户聚焦图"，那么我们就能很快速、直观地从现有客户群或者市场客群中切分出自己想要聚焦的细分客户了。如果产品和服务属于B2B（企业对企业），那就将左侧的切分维度替换为生产规模、年净利水平、信息化程度等适合企业级客户的标签即可。

摒弃"人人都是我的客户"的思维，对于资金和资源有限的中小企业尤为重要，我们必须把企业的核心资源和能力优先投放到所聚焦的客户群上。"客户聚焦"就保证了"商业模式六式"第一式中客户定位的"精准"，也就是盛景的经典金句"一米宽"。只有守住了这个"一米宽"，继续往下深挖，才有可能达到"一百米深"。

很多企业正是因为聚焦不够，才无法深耕，也就无法找到差异于竞争对手的"杀手级隐性需求"。所以，客户的精准聚焦是我们必须迈出的第一步。

【问题一】如果聚焦错了怎么办?

客户聚焦是关键假设，要通过后续深度调研不断验证，并不是确定后就一成不变，它往往会随着创新的推进而动态调整。本质上，客户聚焦图是对核心客户群的逐次验证，进而找到属于自己的"一米宽"。

【问题二】有些千亿级的超大市场想象空间大，这样的聚焦会不会太大了？

客户聚焦一定要聚焦在合适的规模上，过大则客户聚焦不清晰，过小则发展空间不足。对于中小微企业来说，初步聚焦时不妨先选定一个 50 亿元左右的市场进行初步挖掘。

如何识别创新路上的"天使客户"？

在我们确定某一个细分市场的特定客户时，其中的每一个客户都同等重要吗？当然不是，我们还要找出细分客户群体中的关键客户，也就是我们创新过程中的那些"关键少数"。

我们研究发现，在创新的不同阶段，我们大致会面对 5 种不同类型的客户。

实际生活中不乏这样的场景，当我们遭受恶劣空气的困扰，对选购哪种防霾口罩或者空气净化器无所适从时，第一反应往往不是根据报纸、电视上的营销广告进行挑选，而是向身边的亲朋好友中对空气质量和防霾有特别研究的"专家"寻求帮助。

这种"专家"就是长年遭受雾霾困扰、涉猎各类解决方案，并且有自己独到见解的用户，他们也往往对身边有同类需求的人群具有相当的影响力。

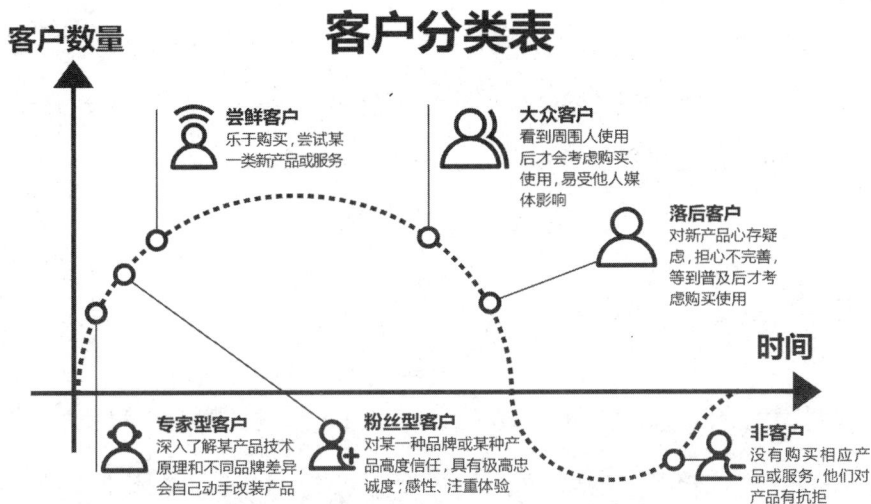

图 15　创新不同生命周期的不同核心客户群体

　　与此同时，我们的朋友圈中也许还会有某品牌的"脑残粉"（极致忠实用户）跳出来，向我们进行品牌推荐。

　　我们称前一类客户为"专家型客户"，称后一类为"粉丝型客户"。

　　"专家型客户"往往深谙产品服务的内在机理，有丰富的使用体验甚至"久病成医"的改善能力，在其活动的各种圈子中也常常被冠以"大牛"的称号，在其关系圈中具备"意见领袖"的特质。

　　"粉丝型客户"往往对某一产品或服务的认可度、购买频率和总量都很高，对品牌有极高的忠诚度，是忠实拥趸。

受到这两类客户的影响，逐步出现了相当数量的"尝鲜客户"，进而扩展到数量更多的"大众客户"，产品的生命周期也会从生长期进入成熟期。

试想，如果我们能够在创新的早期，创造性地倾听和解决专家型客户和粉丝型客户（尤其是专家型客户）在产品服务使用过程中的抱怨，使他们愉悦尖叫，产生极致的体验，就会为口碑传播奠定坚实的基础。

专家型客户对于企业创新的意义，也绝不仅是最初的订单交易关系。我们要邀请专家型用户深度参与产品的共同研发，利用他们的痛点抱怨、奇思妙想，利用他们的方案建议，快速实现我们第一代的产品。这样，他们就会成为产品的第一批高黏性忠实试用者，成为产品迭代方向的重要意见来源，成为打磨产品、创造好口碑的标杆，成为病毒式传播的关键节点，乃至后期"粉丝股东化"的重要筹码，以便帮助我们连接更多的用户和资源。

这就像我们要想利用爆款产品在细分市场的湖面上制造一片涟漪，那么毫无疑问，专家型客户就是最初投向水面的那一颗石子。找到他们，我们也就找到了开启创新转型之路的金钥匙。我们洞察客户需求的过程也将事半功倍。

天使客户中的"关键人"

当我们决定走近专家型客户时，以下的困惑也随之而来。

比如，对于糖果商家来说，其产品的最终使用者是儿童，但如果做出购买决策的是母亲，去柜台结账的是父亲，不停在一旁游说的是奶奶，我们又该如何把握其中的关键人？

再比如，对于设备生产商来讲，客户企业中的车间主任抱怨声最多，而财务总监一直反映价格高、能否延长账期，而每次拍板成单的人则是他们背后的总裁，我们又该如何区别对待客户中这些不同环节的人呢？

首先，我们在走近专家型客户之前就要明确一点：客户可能是一个人，也可能是一群人的集合。每种购买行为的背后都隐藏着客户的四种不同角色：使用者、决策者、购买者、影响者。

在购买糖果时，儿童是使用者，母亲是决策者，父亲是购买者，奶奶是重要的影响者。采购设备时，使用者是车间主任及工人，购买者是采购经理，预算审批是财务总监，但最终决策者是总裁；而在这个过程中，车间主任的操作体验、财务总监的审批意见也都有可能是影响总裁决策的重要因素，都属于影响者。

客户的这四种不同角色在企业级客户中尤为明显。当我们能够辨别客户背后的不同角色，就能有针对性地走近"天使客户"。

一百米深：在用户的全流程和核心场景中挖掘杀手级需求

所谓"一百米深"，就是对之前聚焦的特定客户——尤其是其中的专家型客户，进行反复、深入的调研，直至挖到"杀手级隐性需求"。这时候，我们走"近"他们是远远不够的，还要走"进"他们。

然而，在拜访客户的过程中，当我们试图深入了解客户真实的生产生活状态时，往往会因为客户的"防御本能"吃闭门羹；即便访谈能够顺利结束，面对芜杂的信息，我们也往往无从下手。

这其实归结于我们的传统产品思维惯性——虽然具备了客户思维，但对专家型客户的结构化了解还远远不够。

消费类客户的关注维度　　企业级客户的关注维度

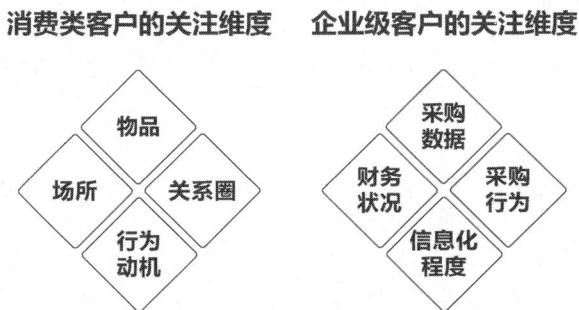

图 16　结构化、全方位了解专家型客户

因此，目的鲜明地、结构清晰地对专家型客户进行"素描"式的信息搜集就成了不可或缺的一环。

对于消费类的专家型客户，我们要重点关注其消费能力、消费偏好、时空分布的规律、来往的圈子及其影响与被影响的特征、产品服务背后的深层次情感需求等。

对于企业级的专家型客户，我们要重点关注其资金周转效率及其财务健康情况、业务规模和想象空间、采购偏好和决策流程、信息化水平等。

我们分别搜集以上四个维度的信息，结构性地掌握专家型客户共有的生活化特征或者普遍存在的生产经营中的低效率环节，为全流程深入挖掘具体问题打下坚实基础。

隐而未现的"痛点"哪里来：拉开时空看问题

在完成细分客户群体的聚焦、"天使客户"的识别之后，不少经营者还是看不到差异化的痛点，为什么呢？这是因为他们还没有打破传统的"眼中只有产品、只有技术、只有销售"的经营逻辑，没有摆脱仅在产品的生产、账期、营销、物流等类似的简单围绕生产和交付环节的思维定式。我们必须强迫自己站在更广阔的时间、空间上思考，这个过程中的"空杯"和"移情"就显得格外重要。

"空杯"就是暂时忘掉自己的产品和核心技术，忘掉传统的思维定式。只有放空自己，才能让创新的活水进来。"移情"要求我们在"空杯"的基础上，具有客户的同理心，换位思考，用客户的眼睛观察，用客户的耳朵倾听，用客户的头脑思考。只有这样，才能真正以一颗

"无我"的同理心看到原本只有客户才能看到的问题，体味其中的"隐而未现"。

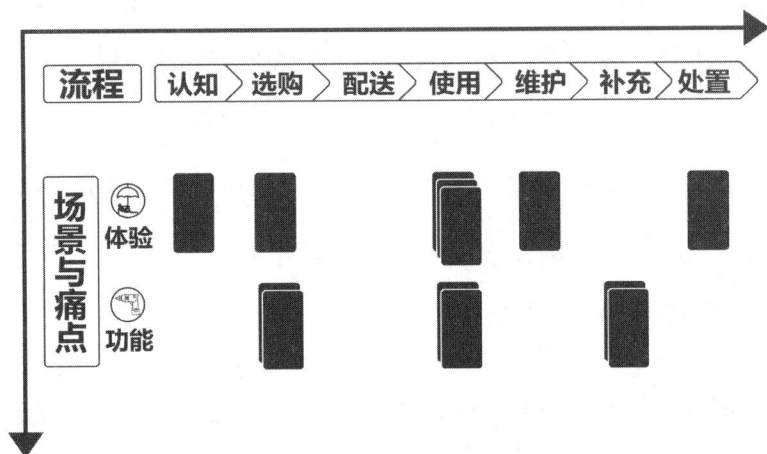

图 17　拉开时空看问题的全流程思维

体味哪些隐而未现呢？我们重点挖掘的是专家型客户在产品或服务的使用全流程中的痛点密集的关键环节。

对企业级客户来说，我们梳理其各环节生产经营的成本结构，挖掘企业整体利润提升的可能性方案。对于消费类客户来说，我们体悟其生活的全旅程，纵向深入到关键的使用、传播等核心场景下挖掘痛点，从而形成一个横向延展、纵向深挖的全流程立体网络，将各个环节收集到的痛点和抱怨声原汁原味地记录下来，并以便利贴的形式进行可视化的呈现。

只要我们运用科学的观察、访谈等调研方法，就会搜集到批量的、不容易遗漏的痛点。在这些抱怨声中，我们要高度重视场景化的、具有"5W1H"特征的痛点。

所谓"5W1H"，就是痛点中应包含Which、Why、What、Where、When、How——用来描述时间、地点、人物、痛点、造成的损失等信息，这样的痛点才是有特定场景支撑的高质量痛点，随后才能被提炼为核心需求。

综上所述，我们可以把对专家型客户进行有效调研的方法归结为：换环境、换背景、换角度。

换环境，就是有目的地、结构性地掌握专家型客户的关键信息，从专家型客户的外围信息获得隐性需求的关键线索。

换背景，就是跳出原有的产业链环节，着眼于产业链上下游环节的用户抱怨，挖掘痛点。

换角度，就是拉开时空看问题，保持"空杯"，"移情"客户，聚焦到客户的关键场景（企业级客户则进入其内部价值链）中，通过拉开整个全流程，立体式地搜集痛点，挖掘隐性需求。

至此，我们便经历了创新过程的第一个象限"具体问题"阶段。也就是说，我们通过业务板块聚焦和细分客户聚焦，实现了"一米宽"；在这个基础上，找到细分客户群中的"关键少数"，也就是天使用户（尤其是专家型用户），"走进"他们，拉开全流程，深入用户各个环节，尤其是核心场景和低效的部分，在全流程中对隐性需求进行立体式的深挖，实现"一百米深"。

"一米宽，一百米深"说起来简单，实现起来却谈何容易，更何况"行百里者半九十"。那么，当我们成功来到一百米深处，如何将客户痛点转变为快速占领市场的核心产品，实现"一根针戳破天"呢？这就离不开对芜杂的客户痛点进行准确的提炼，也就是"洞察"。

2. 洞察：从诸多痛点中提炼和确认关键需求

在进行了大量全流程调研工作之后，相信我们的桌上已经贴满了各式各样的客户痛点。那么，痛点等同于需求吗？我们没有能力也没有必要解决所有的疑难杂症，那么，"杀手级隐性需求"到底是什么呢？

【核心观点】

采集到大量的全流程关键环节下的"痛点"，就意味着我们拥有了很多来自现场的关键细节，然而，专家型客户只能告诉我们痛点和现状，而洞察客户真实需求只能是企业自己做！我们只有对痛点进行有效的归类、归纳和提炼，将其抽象为需求，并进一步筛选、评估、确定为开门性导流需求和高利润变现需求。最终，我们会根据需求的特征进行筛选并找到可以用来作为创新突破的、作为商业模式原点的杀手级需求。

也就是说，第二阶段"洞察"的根本目标，就是确定最关键的需求，找到"那根针"。

捅破痛点和需求之间的那层纸

首先需要明确的是，痛点并不等同于需求，需求是基于痛点等具体问题进行的抽象提炼。

我们在生活中自认为的很多具体问题其实是抽象问题，比如"我攒不住钱"、"企业的固定成本需要控制"，背后的具体问题可能是"收入低或开销大"、"员工薪资虚高或设备折旧过快"。

客户需求洞察的过程，也是使自己具备不断在"具体"和"抽象"之间切换、转换能力的过程。

为了方便创新者将痛点所代表的"具体现象"和需求所代表的"抽象提炼"衔接起来，我们开发了痛点提炼为需求的"黄蓝粉条归纳工具"。黄条代表调研阶段的具体场景化痛点，将同类的黄条进行合并归纳，就得到比较共性的"痛点"，作为蓝条；在蓝条基础上进行萃取，抽象为粉条，即抽象需求。

我们在运用这类工具的时候不难发现，黄条质量是具有决定性的关键因素——标准化、高质量的黄条要求把问题场景化，提炼成蓝条、粉条的过程是多项合并后取其精华的抽象化结果；更重要的是，最终提炼出的合格粉条同时也要经得住返回各个黄条——也就是关键场

黄蓝粉条归纳法

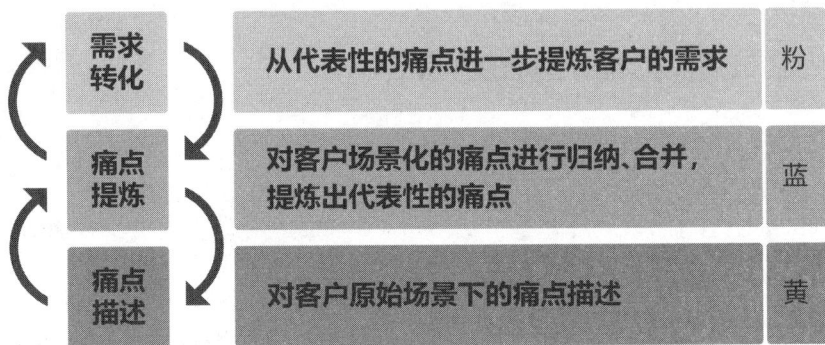

需求转化	从代表性的痛点进一步提炼客户的需求	粉
痛点提炼	对客户场景化的痛点进行归纳、合并，提炼出代表性的痛点	蓝
痛点描述	对客户原始场景下的痛点描述	黄

图 18　洞察需求的黄蓝粉条归纳法

景——逐个验证。

"我需要一匹快马"——如果这个需求放在 19 世纪末，就不是一个很合格的粉条，因为其背后的深层次需求是"更快捷的交通工具"，粉条的抽象化就显得不够；同理，"我需要一个不会压鼻梁的防雾霾口罩"，就没有"人们需要在户外更好地防霾"抽象和凝练。

粉条的质量在一定程度上影响着后续解决方案的探索思路。优质粉条的提炼往往是漫长而煎熬的过程，除了自身需具备抽象能力之外，还需要有一定的行业洞见做支撑。所以，我们建议高级管理人员参与完成抽象问题的提炼。

评估并确定杀手级隐性需求

在利用"黄蓝粉条归纳法"或类似工具将具体痛点提炼为抽象需求之后，我们就在客户全流程图的各个环节上都有了一个粉条——客户需求。那么，哪个需求是我们应首先满足的？哪些需求的满足可能帮助我们在初期就积累大量用户？哪些需求又可能助力在后期实现利润倍增？ 这就需要我们对各个需求进行评估和排序，找到最想要的那个"一根针戳破天"的需求。

需求的评价维度很多。正如前文商业模式创新提到的，我们想要满足的需求首先需要"海量"，也就是此类需求背后的用户数量较大，具有足够的"大规模杀伤性"；另外，该需求在目标客户群中最好是一种离不开的"刚需"，而这种需求刚性与否结合各行业的实际情况就比较容易判断。

比如，对于种植大田作物的小散户农民来说，农资产品和机械化收割服务是一种刚需，但全面采用有机肥和农机设备采购就不是刚需。由于各行业的差异，需求刚性与否的判断应该是各个粉条（需求）横向对比后的相对值。

除了具有"大规模杀伤力"、"刚需"，核心需求还应该帮助我们持续地与客户进行接触和互动，也就是说，还应具有购买或体验频次高的"高频"特征，这是我们持续保持高客户黏性的前提。对于上面的农民来说，灌溉、化肥、农药使用等频次都较高，而机械化收割服务一年仅仅使用一两次，频度就比较低了。同样，频度的判断也是众多粉条（需求）横向对比后的相对值。

运用以上的评价方法，我们就可以从客户需求是否海量、刚需、高频对提炼出的多个需求进行排序。

在需求评估结束之后，我们会将那些满足"海量且刚需"或"海量且高频"的需求归类为导流性需求，这类需求往往实现起来较轻、较快，帮助企业快速"上量"，快速在初期积累客户群；而对于那些满足"刚需"但未必"海量、高频"的需求，它们往往实现起来较重，但往往毛利率高，变现能力强，即"变现性需求"。

需要提醒大家注意的是，我们在强调杀手级需求的时候，会有显性和隐性之分。那些产业中众所周知但尚未实现的杀手级需求，往往挖掘易，实现却不易；而那些客户自己尚未觉察或尚未表达的杀手级需求，往往挖掘难，实现却未必难。

到这里，我们就完成了第二阶段——淘沙取金、拨云见日的"洞察"过程。

3. 发散：以假定的需求为原点，穷尽解决方案，寻求最优路径

【核心观点】

通过对调研中痛点的汇集，以及需求的抽象提炼、筛选和确认，我们就能够以此为原点调动起专家型客户以及企业内部的资源，通过充分的、集思广益的概念发散和方案研讨突破思维的瓶颈，从而创造性地找到众多解决方案，实现从"抽象需求"到"抽象方案"的跨越。

始终围绕原点的发散才有意义

在做发散性思维之前，我们必须明确：所有具备明确场景支持的、经过工具提炼过的需求，都存在多种解决方案的可能性。

比如，要满足吃饭这个刚性、高频的需求，我们可以自己买菜回家烹饪，也可以购买专门的半成熟菜品，还可以在楼下餐馆点菜吃现成的，或者选择外卖送餐服务。随着近年来O2O（线上到线下）的发展，又出现了预约大厨上门烹饪、云厨房租赁等不同的形式。当然，不同解决方案所面向的细分客户群体显然有明显差异。

接下来，就是最烧脑的部分：尽可能多地穷举可能的解法。

一些思维发散的经典方法，如头脑风暴法、思维导图法等可以帮助创新团队尝试和探索核心需求的不同解决方案。虽然一群人围绕着

一个特定的兴趣领域产生新的观点的过程都可以称作"头脑风暴",然而完全天马行空、无组织的头脑风暴则是低效且毫无意义的。

我们要始终基于上一阶段提炼并筛选出的核心粉条(需求),没有聚焦在这个原点的发散就很有可能事倍功半,正如断了线的风筝和脱缰的野马,类似这种迷失了方向的"务虚会"是我们所反对的。

事实上,头脑风暴可以有多重方法,常见的有默写式、自由发散式、辩论式等。那么,如何让思维的发散更加高效呢?不妨考虑以下建议:

(1)除了高管之外,把一线员工、技术骨干、专家型客户也纳入参会人员中来。

(2)鼓励大胆想法,追求数量,全程记录,但暂缓判断。

(3)利用便利贴、手绘草稿等可视化的形式和工具,激发大脑灵感。

敢于推翻假设和前提,大胆跨界

大多数在概念发散这一阶段遇到瓶颈难以突破的创新者都有共同特征:难以突破自己的思维瓶颈,受限于既有的假设和前提。

如果我们在最开始就将自己"空杯",忘掉现有的技术工艺和产品形态，甚至试着打破一些"看起来理所当然"的既有假设，也许就更容易获得"柳暗花明又一村"的创新灵感。

"TRIZ（发明问题解决理论）之父"苏联人阿奇舒勒在 20 世纪 40 年代创造性地提出了问题解决过程中的"最终理想解"（ideal final result，IFR）的概念，即在解决问题之初，不妨首先抛开各种客观限制条件，定义问题的最终理想解，以明确理想解所在的方向和位置，从而避免传统创新发散重重受限的问题，并提升创新方案设计的效率。这种单纯地从最大化的满足需求本身思考问题的方式，能够让我们首先意识到最优解，打开思维瓶颈和限制。

曾有一个剪草机的案例让人印象深刻。

假定市面上的家用剪草机普遍比较笨重、噪声巨大且存在安全隐患，而用户都希望能买到"轻便、安静、安全的剪草机"，如何解决这一需求呢？如果我们被"轻便、安静、安全的剪草机"这个既有前提所局限，就会陷入需要大量资金投入到核心技术研发或新材料的寻找上。

然而，如果我们能够打开思维的天窗，反问自己："如果没有剪草机呢？""客户需要的不就是齐整的草坪吗？"这样也许就会获得更加开阔的解决方案。"培育生长高度可控的智能化草种"这样一种创造性的草坪解决方案，就是从打破假设开始的。

生长高度可控
的智能化草种

图 19

评估多种方案，筛选出最优解

当我们手里有了众多可能性的解法（即"抽象方案"）之后，到底哪一种方案才最值得我们将其变为现实，也就是最适合转化为"具体方案"呢？我们仍然要从客户和企业两方面来综合考虑。

对于客户，尤其是最终使用者一端，为了更易于使客户接受此方案，我们往往要保障使用的便利性；同时，与客户原有的工艺流程、生活习惯不宜有实质性的矛盾冲突，即具有兼容性。

再看企业这一端。低成本创新必定要避开方案的高成本投入、长回报周期，即考虑经济性；还要考虑是否有较为成熟的技术可供使用，这意味着企业无须进行长期高精尖技术的研发。

最后，还要综合考虑合法合理性，即要符合国家政策、行业规范，以及生态环保等相关法律法规。

综合考虑以上的各项指标和评价维度，就能帮助我们选出最优方案。

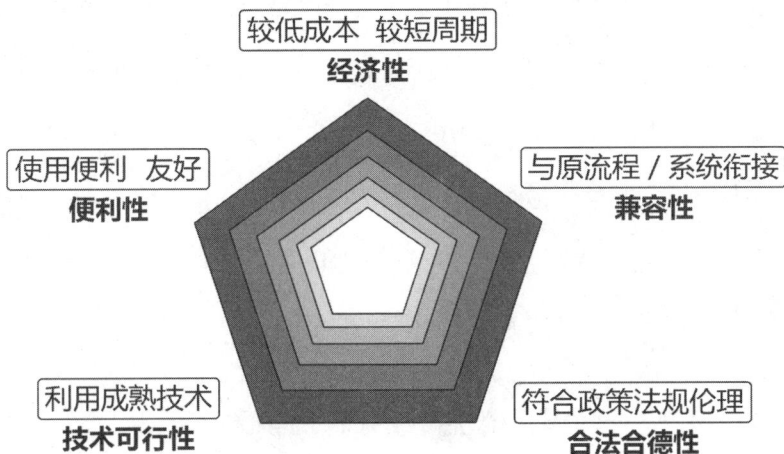

图20　方案评估工具图

4. 方案：重新回到专家型客户，快速迭代

【核心观点】

当我们选择出实现成本较低、用户友好、体验佳的概念方案之后，如何才能将它实现为最终的具体方案，并用低成本的方式避免浪费和前功尽弃？在互联网创业烧钱大战硝烟四起的时代，有没有不烧钱、高成功率的方案实现方式呢？

实际上，创新的本质就是在客户中不断验证痛点是否真实、方案是否被接受的过程。所以，在"具体方案"最终落地时，我们要避免陷入尽早批量生产成熟产品的误区，首先把解决方案做成可视化的最简原型。

硅谷创业家埃里克·莱斯提出，推出产品时应先建立一个最简可行产品，再利用这种低成本的实现形式，尽快回到特定的专家型客户中进行反复、快速、有效的测试和迭代。从而在"一切都来不及了"之前就不断修正产品，最终适应市场的需求。

这是我们遵循"以客户为中心"的设计思维理念和"小步快跑"的精益创新方法实现低成本创新落地的关键。

打动客户，一个直观简洁的 MVP 就够了

从本质上讲，MVP 是针对企业特定客户的核心需求所设计的最可行解决方案而制作出的"最简形式"产品，旨在为最快速的测试优化服务。

这种"最简形式"不一定是最终产品，一块手绘的故事板、一组幻灯片、一个几分钟的视频、一个微信 H5（第 5 代 HTML）页面，甚至是橡皮泥原型、纸质原型，都是 MVP 的可能形式。MVP 可能是简易、快速、粗糙的，但与最终开发高质量的产品并不矛盾。没有经过MVP，直接做产品就会面临很大的风险。

如何制作高质量的 MVP 呢？

结构清晰最重要，即要说清楚两件事情：提炼出的客户核心痛点

是什么，我们提供的解决方案又是什么。在制作MVP时，应格外注意将这两点表达清楚。在市场不确定、个性化需求大行其道的今天，精益创新的理念和MVP的形式让我们通过设计测验来快速检验产品或方向是否可行。

如果假设得到了验证，再投入资源大规模进入市场也不迟；如果没有通过，那这就是一次快速试错，只需要尽快调整方向，而且试错的代价是极低的。创新的正能量正是来自这些"快速且廉价的失败"。

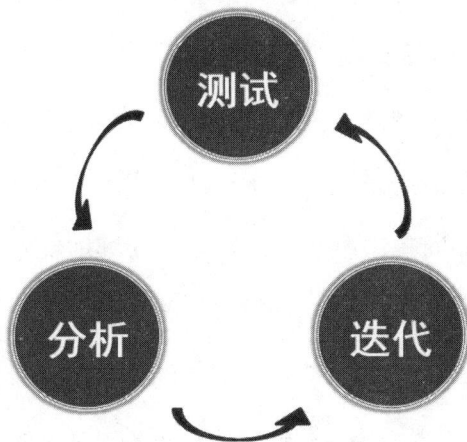

图21

利用专家型客户进行最快速的测试和迭代

当我们拿着MVP回到小样本的专家型客户，测试解决方案时，无非有以下两个目标：

一是验证场景和痛点的真实性，围绕是否有具体的场景支撑、痛点是否高频、是不是客户迫切需要解决三个方面展开测试，以确保我们始终在"做正确的事"。

二是验证解决方案能否成立，判断方案能否成立又可细分为若干子问题，包括客户是否愿意接受该方案，接受该方案的哪些部分、不接受哪些部分，是否愿意购买，购买后能否持续使用，使用后是否能积极向他人推荐，以保证我们"正确地做事"。

一个重要的标准就是，对于做企业级服务的企业，判断为专家型客户计算出的解决方案是否可以帮助他们实现利润提升；对于消费类领域的企业，要判断专家型客户是否愿意持续地使用，更重要的是后续是否有重复购买和对使用体验的自传播。

正如之前始终强调的，在测试MVP的过程中，我们需要充分调动的人群一定是专家型客户。在测试专家型客户时，他们会提出很多真知灼见，应给予充分重视，并让他们自愿持续参与到多轮测试中来，与他们形成良好的持续互动。

例如，一个车间老师傅可能会有自己的徒弟、师兄弟，在这些专业的圈子中，他扮演着一个意见领袖的角色，他的意见对于周围人来说至关重要。当我们采纳这位老师傅的建议，事实上也就把他最容易获得周围圈子认可的解决方案变成了我们最终的解决方案。只要我们能够采纳他的方案，一方面客户自己会有成就感和荣誉感，另一方面，他也会感受到我们的真心实意、感觉到我们的用心，和我们的距离就越来越近了，仿佛已经同我们是一个战壕里的战友，是我们创新事业的"同盟军"，我们之间也因此有了"战友情"。

从这个意义上讲，MVP测试不仅仅是迭代出令专家型客户尖叫的产品，更重要的是通过这个过程撬动了专家型客户所影响的用户、行业和技术资源，从而为我们低成本地、小步快跑地打造样板市场创造更加有利的条件。当这些创新早期的"天使客户"帮助我们实现了订单零的突破，并且围绕这些"天使客户"，我们又拓展了一些付费的尝鲜型客户，这时就更容易形成早期样板市场的雏形了。也就是说，MVP的开发以及快速迭代的过程既帮助我们验证"核心需求+解决方案"这两个关键假设是否成立，同时也是我们积累首批客户，甚至形成早期社群的过程。

总结

当我们按照以上的四个阶段，逐步实现对所聚焦特定客户需求的深入洞察，并探索对洞察后需求的低成本解决方案，就完成了一个客户需求洞察的循环。

在调研阶段，我们需要摆脱"人人都是客户"的传统逻辑，将创新事业聚焦于一类细分客户群，准确地识别出早期的两类"天使客户"，利用结构化的工具深入了解专家型客户并挖掘其背后的共有特征，挖掘专家型客户生产生活的全流程关键环节下的诸多痛点，以便实现"一米宽，一百米深"。

在洞察阶段，将具体痛点提炼为抽象需求，并对需求进行评估排序，确定出导流性需求及变现性需求，找到"一根针"。

在概念阶段，通过各种形式的思维发散，基于确定的核心需求探索最多的可能性解法，并评估排序，最终确定出最优解。

在实现阶段，通过MVP的形式最快速地回到核心客户对核心需求和解决方案这两个基本假设进行不断的测试和迭代，最终打造样板市场，达到"戳破天"的目的。

以上四个阶段就是盛景创新研究院所研发的"洞察客户需求的低成本创新方法"。

对于这种创新方法的初学者，完全可以按照上述各个环节的内在逻辑和步骤，按部就班地逐步"正向"推进。当熟练掌握之后，其实也可以采用"反向"循环，即我们根据自己在行业内多年的经验完全可以直接提出对客户需求的一种假设，然后再返回到具体客户的场景中验证假设——因为这个假设更有可能是我们对客户需求的一种臆想，要验证需求是否真实存在，还是要回到特定的用户中。在痛点真实性的基础上，我们再由此往前推进，通过概念发散为特定需求寻找解决方案，并进一步把解决方案的MVP回归到用户中测试和验证。

另外，我们还可以采用一种"多向"的创新推进方式。一旦我们熟练掌握了这个方法，就可以从任何一个象限出发作为我们创新的初始步骤。但不管起点在哪个象限，我们始终秉承对客户痛点和解决方案的不断测试与验证的思想，把最终的判断依据牢牢锁定在用户端所发现的问题以及用户对解决方案的认可程度。

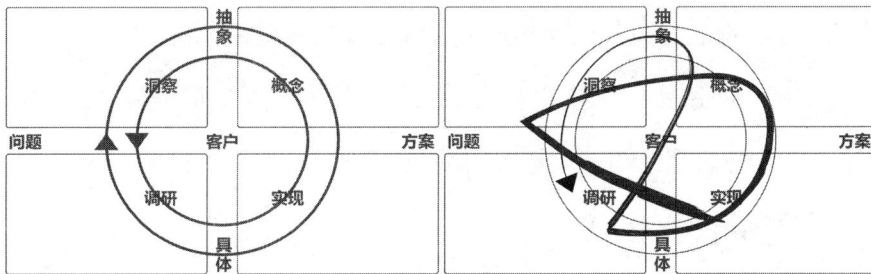

图22 实践创新八步法的正向、反向、多向

由此可见，对低成本创新方法熟练掌握后，我们可以从不同象限的任何一个节点展开创新的进程，可以是正向、反向，也可以是多向，其根本的思想原点是以客户为中心验证痛点和解决方案的真实性与可行性——以用户的认可作为最终推进的目标。

　　商业模式设计是企业经营的原点，也是企业的顶层设计。在商业模式设计的过程中，至关重要的是对客户进行精准定位，找到杀手级的隐性需求。客户需求洞察的整个过程，就是从一类特定的客户群体出发，找到其中的专家型客户，从而进入到他们生产和生活的真实场景中，找到特定环节中的痛点，在诸多痛点中进行总结提炼，确定应该锁定的核心需求，并在这个特定的需求层面展开发散，寻求该需求的最佳解决方案，从而成为商业模式系统性设计的起点。

　　客户需求洞察是商业模式的起点，也就是企业经营原点中的原点。有了精准深刻的客户需求洞察，企业的商业模式设计就能顺理成章、水到渠成，而且可以充分掌握商业模式设计的关键细节。

　　在创新的过程中，我们既需要系统性思考规划，又需要对关键细节的精准把握。如果我们能把二者很好地结合，那么创新成功的概率就会大大提高。

《低成本创新》相关经典著作：

《设计思维》（ *Design Thinking* ）   [美]彼得·罗著

《设计思维》（ *Design Thinking: Process and Methods Manual* ）   [美]罗伯特·柯尔道格著

《101 设计法》（ *101 Design Methods* ）   [美]维杰·库玛著

《四步创业法》（ *The Four Steps to the Epiphany* ）   [美]斯蒂文·加里·布兰科著

《精益创业》（ *The Lean Startup* ）   [美]埃里克·莱斯著

《精益创业实战》（ *Running Lean* ）   [美]阿什·莫瑞亚著

第四章

找到内核——创新精神与文化

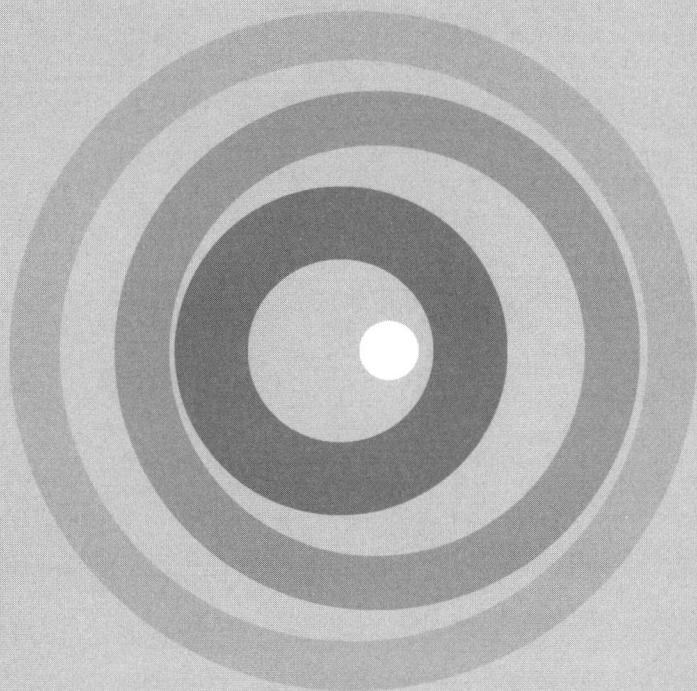

通过前三章的讲述，我们了解到低成本创新并不是遥不可及、神秘莫测的，而是可以通过对创新方法论和工具的系统学习、探索和实践，逐步实现低成本创新，进而取得创新成功。同时，外部环境对创新也有巨大的影响，纵观美国硅谷、以色列、中国中关村等创新高地，我们看到恰恰是良好的创新生态、追求创新的企业家精神、鼓励创新的文化氛围促使创新持续发生。

1. 全球创新高地的精神与文化

良好的创新文化氛围对创新中心的打造具有关键意义。美国硅谷、以色列以及中国中关村是全球具有代表性的创新高地，依托创新所需的企业家精神和社会文化，它们发挥创新方法论、人才、技术、资本和市场五大创新要素聚集的独特优势，逐步形成了创新生态系统。

（1）全球创新圣地：美国硅谷

硅谷创新生态的特点：创新要素齐全、聚集，产生化学反应

为什么硅谷能够作为全球创新的风向标和制高点？这背后蕴藏着什么样的奥秘？

硅谷在过去数十年的发展历程中，对创新方法论、人才、技术、资本和市场 5 项要素做了高效配置，达到了国际领先的全要素聚集，且各要素之间互相交织、不断促进，产生了强烈的创新化学反应。

在创新方法论与工具方面，硅谷及其周边地区聚集了众多优秀的教育资源，美国斯坦福大学、加州伯克利大学和加州理工大学等名校丰富的学者和研究资源不断从硅谷创新实践中总结和提炼创新方法论和工具，不断给新创业者提供养分，让他们普遍掌握精益创业、快速迭代的创新方法，引领国际创新潮流。

以斯坦福大学为例，教授分为学术教授和咨询教授等不同序列。学术教授主要从事象牙塔的研究，即基础性和理论性研究。咨询教授的选拔源于社会，甚至直接从成功的创业者中遴选，他们能够连接象牙塔中的学术理论、先进科技和硅谷大量的创业团队，从而形成一种学术和商业的"旋转门"，促使研究和创新水乳交融、相得益彰。学校也鼓励咨询教授和青年学生大胆地尝试创业，并且充分利用校友圈、

校友基金会和校区孵化器给予实质性的支持，而创业成功的校友也常常乐于将创业成功获得的巨大资本回报捐赠给学校的教育事业，支持新一轮的创新，形成良性循环。

在人才方面，硅谷是全球创新的旗帜，它吸引和聚集的创业团队不仅来源于硅谷地区及周边大学，同时也有来自全美以及全球各行各业的创业者。创业者蜂拥而至是因为这里有完善的创业要素与资源，可以轻松获得各种创业支持。

硅谷甚至还形成了对全球创业者的"虹吸效应"。据统计，硅谷40%的创业者首次创业并非在硅谷，而是分布于世界各地，他们被硅谷强大的"虹吸效应"吸引到硅谷。同时，创业者将在硅谷创业创新所取得的成果向全世界的每一个角落传播和扩散，又发挥了强大的辐射带动作用。这一吸一扩恰恰是各个创新要素之间发生令人惊叹的化学反应的过程。

在技术方面，全球顶级科技公司都在硅谷设立了研发中心和相关机构，一方面因为硅谷能够提供大量的科技人才，另一方面则是可以不断借助高校优质的科研资源，在前沿的技术领域形成新的突破。

其中非常知名的一家研究机构是施乐公司设在硅谷的PARC（帕克研究中心），这里聚集了众多全美最优秀的计算机科学家，他们创造性的研发成果包括：个人电脑、激光打印机、鼠标、以太网、图形用户界面等。这些研究机构完全对硅谷创业团队开放，与高校之间也形成了良好的交流和互动。乔布斯和比尔·盖茨当年都是受到PARC图形用户界面技术的启发，随后研发了苹果操作系统和微软Office软件。

在资本方面，不得不提到硅谷盛传的"30英里①规则"，这个规则指在硅谷狭长的30英里山谷之内，每一个风险投资家都可以找到他想投资的项目，而每一个创业者也都可以找到风险投资人。

的确如此，硅谷的沙丘路（Sand Hill Road）是著名的VC一条街，被称为"西海岸华尔街"，上百家知名的风险投资公司如红杉资本等都汇集在这里，它们为硅谷的创新企业提供了最有力的资本支持。这里的投资人很多就是连续创业者，他们最懂创业者，并且愿意将亲身经验和积累的人脉分享给创业者，并支持他们在应用创新方法论上不断迭代和前进。

在市场方面，硅谷创新企业借助资本强大的推力，渗透美国本土巨大的母市场，同时将产品和服务成功辐射到全球各地，全球化行销也成了硅谷创新企业的典型特征和重要能力。

在硅谷，技术要素和资本要素不断促进全世界的人才要素聚集，促成了硅谷众多创新创业企业的百花竞艳。各种创新要素之间神奇的化学反应让硅谷在短短30年的时间里，诞生了一批像苹果、谷歌、亚马逊、Facebook（脸谱网）、特斯拉这样改变世界的卓越创新企业。

_____

① 1英里≈1.61千米。——编者注

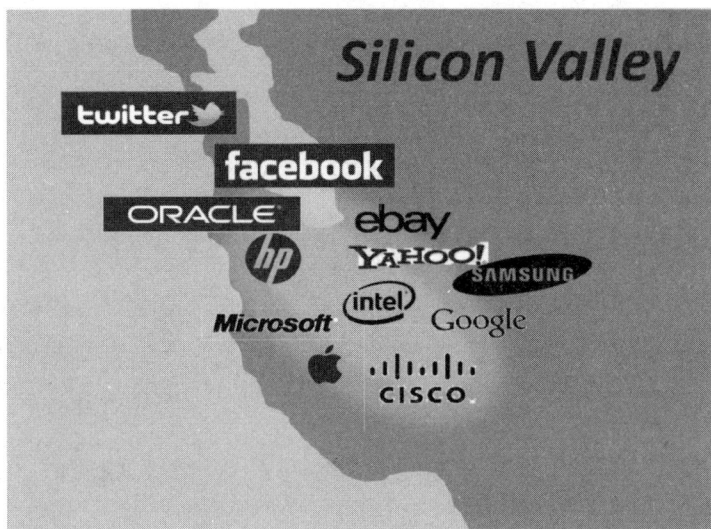

图 23

创新精神：为实现改变世界的梦想而创新

在硅谷，创业者的精神内核就是改变世界的初心和梦想。苹果创始人乔布斯曾经说过："活着，就要改变世界。"

盛景多年来带领十余批中国企业家走进斯坦福大学学习创新，企业家们看到大学教室墙壁上贴满了参加创业课程的大学生写的便利贴，原来这是他们为创业课老师布置的作业"我为什么要创业？"写下的答案，学生们把它们贴在墙上。细细看来，90%的学生认为创业就是为了改变世界。

这样的理念已经深深地扎根在每一位硅谷创业者的心中。因为这样的初心，这里的创业者不只用现有的技术解决问题，而是敢于超越现实，勇于站在人类未来角度，用超前眼光引领世界潮流。这也使得硅谷的创业一直在前沿科技里遨游，不论是在人工智能、太空探索等领域，还是在基因技术、能源互联网等领域，硅谷创业者为人类的进步打开了一扇又一扇新的大门。

创新文化：对创新失败的接纳和包容

硅谷对创业失败的包容氛围令人印象深刻。投资人和创业者都认为失败是增加经验的最好机会，当他们听到某个创业伙伴失败了，他们不会指责和鄙视，而是认真地从失败中汲取经验、收获教训。他们认为经历过失败的人也许更容易走近成功。当然，这种包容的背后恰恰是因为创业者普遍采用低成本创新方法，他们都在坚持实践"精益创业"。

在硅谷，YC（Y Combinator）、500 Starup等创新孵化器挑选项目的机制也充分体现了包容失败的文化。投资人鼓励创新过程中的轻孵化，他们认为改变世界的方式应该依靠精益创业和快速迭代。对于早期和新创的项目，孵化器给予5万~10万美元的小额资本投入，鼓励创新者用最小的投入不断试错。这背后的逻辑是，即使这次创业方向错了，也很容易重新再来。这样的容错态度和机制让许多创业者更能够用平和的心态对待创业路上的艰难险阻——失败了，大不了爬起来再试一次。

（2）全球科技创新强国：以色列

以色列的创新生态：利用有限资源创造独特优势

硅谷的成功源自它的创新要素齐全和聚集，那么以色列这个2/3国土被沙漠覆盖、人口仅有800万的国家又是如何成为全球创新高地的呢？原因在于以色列在创新方面善于利用别人所看不到的资源，创造出独特的优势。

在创新方法论方面，以色列人一方面学到了美国硅谷的精益创新和客户思维，另一方面，在20世纪90年代大量引入苏联犹太移民，充分借鉴TRIZ的工程创新方法，形成了独树一帜的实用创新方法论。

在人才方面，以色列利用遍布世界的2 000多万名犹太人网络弥补了国内人口不足的困难，无论是我们熟知的股神巴菲特、还是Facebook创始人扎克伯格、美联储现任主席耶伦都是杰出的犹太人，他们对以色列的创新事业给予了充分的支持。同时，以色列政府非常重视教育，通过希伯来大学、以色列理工学院、特拉维夫大学等优秀的本土大学不断培养出创新创业人才。

在技术方面，以色列因为安全的需要不断提升国防领域科技水平，因为缺乏水资源不断提升农业科技水平。在政府的鼓励和推动下，创业者将这些先进的技术应用到更广泛领域，取得了良好的创新效果。

比如，以色列胶囊胃镜的发明人是一名导弹科学家，名叫葛瑞尔·爱登。他在一次结肠镜检查过程中，对介入内镜学产生了兴趣。做过胃镜检查的人一定知道，传统的胃镜检查是很痛苦的，需要把一根管子从口腔插入，通过食道，到达胃部，然后对胃部进行图像采集。这次痛苦的经历让他联想起了自己熟悉的智能导弹上的遥控摄像装置，由此产生了研制无线内窥镜的最初设想。

经过一年左右的构思，他的想法逐渐成形，他决定制造一种可吞咽的微型"导弹"。这个"导弹"需要有类似照相仪的功能，能够在通过胃肠道时采集图像信息，然后把信息传到体外，供医生进行诊断分析。经过一系列的动物体内研究试验，这个异想天开的想法获得了成功。

胶囊胃镜的问世极大地降低了患者的心理和生理痛苦，并且为医护人员提供更加便捷和有效的分析方法，这的确是一次伟大的跨行业科技移植。

资本方面，以色列不仅引导犹太人积累的财富进入风险投资领域，也积极引导世界各地的主流资本投资以色列创新。近年来，阿里巴巴、腾讯、盛景嘉成母基金等公司成为在以色列最活跃的一批投资机构。

在市场方面，由于以色列没有足够大的本土母市场，所以以色列企业从一开始就把自己的本土市场作为样本市场，在创新过程中将MVP先做出来，再借助资本的力量拓展海外市场。狭小的本土市场不仅没有困住以色列企业，反而倒逼出以色列企业的强大创新能力，使它们成功跨越本土市场进入更大范围的全球市场。

创新精神：从不可能中看到可能，在绝望中寻找希望

历史为以色列人遗留的是如影随形的危机感和夹缝中求生存的强烈意识，所以在以色列创业者身上最显著的特征是总能够"从不可能中看到可能，在绝望中寻找希望"。同时，自然资源的匮乏使他们只有不断地用独特的视角看待困难和问题，才能发现新的机会。

比如，随着人们对便携式设备需求不断增加，以色列科技团队Zuta Labs便开始思考一个问题：为什么不将打印机做成便携式的迷你造型，从而让所有商务人士都可以带出办公室，随时随地完成打印工作？刚开始提出这个想法时，周围人都觉得不可思议，怎么可能做出便携式的打印机呢？

但是，这个团队真的设计出了ZUTA打印机！它可以将打印头放在一个全向轮上，让打印机移动而不是纸张移动，将打印功能和先进的口袋式机器人相结合，辅以简约小巧的造型设计呈现，使用户通过配套的App便可以完成打印。

这款设备内部装有电池，机身通过微型USB进行充电，并且电量可供持续使用1小时（约打印60张纸），真正提高了移动办公的效率。ZUTA通过无线网络和电脑、智能手机相连，目前能匹配的操作系统有Android（安卓）、iOS（苹果公司的移动操作系统）、OSX（Mac系列产品专属操作系统）、Windows（视窗操作系统），需要打印时，用户只需通过无线网络向打印机发送指令，打印机就能通过底部轮子的全向轮系统控制其前后的移动，在任意纸张上打印任何图画、表格和文字。ZUTA 团队成功地利用机器人领域里成熟的omni-wheel（全向轮）系统全向轮技术，极大地提高了商务人士的工作效率，提高了移动办公的灵活性，让"不可能"成了"可能"。

　　类似的例子，在以色列创新企业中比比皆是，每一个创新企业的背后都蕴含着以色列创新者坚定的实现"挑战不可能"的信念和勇气。

图 24

创新文化：鼓励连续创业，传承商业精神和文化

以色列的创新文化鼓励创业者连续创业。以色列创业者的平均创业年龄是 45 岁，许多创业者自称是"Professional entrepreneur"（职业创业者）。他们把创业看作一种生活状态和追求，之前的创业成功只会鼓励他们继续进入下一次创业状态。

大多数连续创业者都经历过三次以上的创业。即使他们之前创业的公司以不菲的价格出售后使创业者衣食无忧，他们也不会就此停止创业的脚步。同时，政府鼓励连续创业者创办孵化器，将自己的创业经验延续下去，培养新一代创业者。这让以色列创业群体之间关系融洽，甚至为了避免恶性竞争，他们还会在创业前商量各自应该专注的领域，避免不必要的冲突。很多连续创业者也会在自己创业之余，担任年轻创业者的创业导师，像师傅带徒弟一样，让创业创新的激情在这个国家延续下去。

（3）全球创新新高地：中国中关村

中关村的创新生态：跨界与融合，后来居上

北京中关村是中国第一个国家自主创新示范区，是全球创新高地的后起之秀。在中国改革开放的大潮中，中关村聚集了中国高新技术产业的中坚力量，成为全球性创新中心。

中关村高校云集，是中国智力资源最集中的区域，科技研发能力也较为雄厚，但是在创新方法论领域过去投入资源和形成的成果相对较少。区域内的高等教育机构正在向斯坦福大学等优秀的硅谷同行学习，以清华大学X-lab为代表的新型孵化器平台积极鼓励并帮助青年人创业创新。

在高校等智力服务组织之外，有一批新兴的创新服务机构正在用市场化的方式帮助中小企业创新创业。例如盛景网联通过创新方法论的传播，通过举办全球创新大奖赛（GIA），通过盛景嘉成母基金连接硅谷和以色列等全球顶尖资源，不断为中国中小企业赋能和加速。

在人才和技术方面，中关村一方面吸引了来自中国本土最优秀的科研和管理人才，另一方面也开始逐步汇聚世界各国的人才前来创新和发展，中关村正致力于构建全球化创新新生态。

在资本方面，中关村天使投资、VC、PE云集，汇聚了多层次资本资源。北京市有中国第三家全国性股权交易市场——全国中小企业股票转让系统，俗称"新三板"。新三板的发展壮大给创新创业企业的发展提供了强有力的资本支撑。北京是中国的政治和文化中心，同时也汇聚了中国最优秀的券商、律师、会计师等中介服务机构，这些都为创新企业的快速发展、对接资本创造了条件。同时，以BAT（百度、阿里巴巴、腾讯三大互联网公司）为代表的众多互联网公司在中关村创新资本方面发挥了助推作用，通过有针对性地孵化和投资一批新兴企业，之后再通过收购完善各自企业的生态链，推动了互联网相关行业的快速发展。

在市场方面，中关村凭借中国巨大的母市场，让许多知名创新企业找到了自己广阔的发展空间。以小米公司为例，在创业早期，它们一方面充分利用中关村的互联网消费电子发烧友汇聚的特点，通过用户参与的方式，迅速推出 1.0 产品，快速迭代，不断完善客户体验；另一方面借助发烧友意见领袖的地位，以中关村为原点，迅速辐射更多的城市和区域，从而实现了企业的快速发展，获得了资本市场的青睐。

创新精神：带着民族使命感进取和攀登

中国是制造大国，但中关村创业者身上拥有的更多是"中国创造"的情怀。

经过 30 年的发展，中国十多亿人口的中低级消费需求已基本满足，人们的需求呈现更加细分、个性化和高端化的特点，所以中国经济迫切需要进行供给侧改革。中关村创新企业正是在这一大时代背景下，承担起再造中国品质的历史责任，既要增加高品质的供给，还要创造性地满足新需求。中关村的创新企业家通过直面新一代的消费需求，跨界整合资源，以颠覆性创新进入新的领域，从而不断让用户满意和超出预期，谱写了中国企业发展的新篇章。

创新创业承载着中国跨越中等收入陷阱的重任，承载着中国走出经济下行周期的艰巨挑战，在这一时代背景下的大众创业、万众创新有其独特的历史意义，亦是中国成为世界强国的唯一道路。

创新文化：大众创业、万众创新时代下的社区建设

在"大众创业，万众创新"的新气象、新形势下，中关村创业大街已聚集数十家各具特色、拥有不同模式的创业服务机构，包括联想之星、盛景国际加速器、优客工场、创业邦、长城会、36氪、亚杰商会、DDU（Day Day Up）等创新型孵化器。

这些服务机构形成的创业社区吸引了大批创新创业者，他们不仅需要发掘商机的慧眼、精诚合作的团队、雷厉风行的执行、源源不断的投资，也需要创新创业社区中互相鼓励支持的氛围。在国家扶持下的各地创新创业社区让所有创业者不再孤独、不再漂泊，它们不仅是创业者的"精神家园"，也成了实实在在的创业者之家。创业社区的形成，为新一代创业者"360°＋24小时"的全天候创业提供了切实保障，不断丰满的社区文化为中关村地区创新事业的持续发展营造了良好的氛围。

创新创业服务机构自身如何创新？如何更有效地支撑创新创业？中关村如何对全国双创产生更大的辐射带动作用？全国各地区域经济体如何借鉴中关村创新模式、如何借助中关村的创新资源实现地方经济转型升级？这些问题在当今双创大浪潮下日益彰显其紧迫性和重要性，也事关全国双创发展的再造与升级。

2. 创新者的积极信念

在面对创新过程中不确定的结果和周围人的怀疑和指责时，在背负压力、焦虑、苦闷时，最终成功的创新者总有一种过人的积极信念。创新精神的核心就是对梦想、对创新事业强大的积极信念。

从大环境来看，中国从产能不足时期进入产能过剩时期，从大规模基本建设时期进入了工业化中后期。我们在今天办企业、做事业，就要从过去以物为中心、以生产为中心、以项目为中心，改变为以人为中心。

创新过程的四个阶段

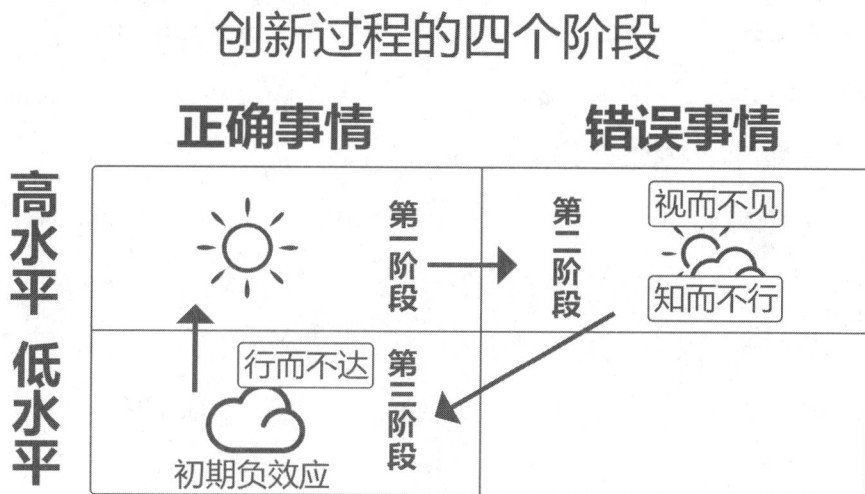

图 25

资料来源：《战略变革》

　　这个"人"就是我们想要满足的、精准定位的目标客户，以及深度挖掘的客户需求。当今愈演愈烈的同质化竞争，其外在表现形式是产品的高度同质化导致价格战，但实质上是竞争者都在满足相同客户的相同需求。所以，我们只有找到跟竞争对手不同的差异化客户群体，并且致力于切实满足过去不被竞争对手所满足的隐性需求时，才能真正摆脱同质化竞争的陷阱。

　　在外部环境变化之后，如果我们仍然用过去熟悉和擅长的方式做事业，就会由之前第一个阶段——"高水平做正确的事情"，陷入图中的第二阶段——"高水平做错误的事情"。企业在第二阶段的典型症状是：固定资产崇拜、运营低效、资金和关系依赖、盲目多元化、"摊大饼"式的伪增长等。

　　如果我们固执地追求增量扩能式的成功，就容易导致企业发展刻舟求剑、南辕北辙。身处当今的转型浪潮中，我们必须认识到时代正发生剧变，要从特定客户的特定需求出发，重新寻找自己事业的意义，并且就此形成团队共识，从而构建对于创新事业的新价值体系。只有找到事业的真正意义后，我们才能真正感染自己和团队，吸引更优秀的人才加入团队，共同致力于创新事业。

　　在第二阶段，我们要警惕和克服广泛存在的"知而不行"的毛病——当我们感觉到世界发生了剧烈变化，若不行动就会像温水煮的青蛙一样被淘汰，但内心又割舍不下对即将退出历史舞台的传统模式的眷恋，对人、对围绕客户需求的创新感到陌生，总是对上项目、搞建设、以物为中心的制造感到兴奋。我们应时时提醒自己，企业家应做"正确的事"而不是做"容易的事"。

团队的"知而不行"通常是因为团队成员不愿意在新的事情上显得笨拙。想要帮助团队建立"行"的信心，需分三步走：首先，让他人看清楚目标——这就需要将之前描述的未来愿景一步一步通过创新方法设计为阶段性目标，让大家感到有奔头，而不是遥不可及。其次，给团队提供达到目的所需的技能、知识、人力、资源和工具，比如开展培训、专家指导、进行实战训练等。最后，在创新途中给予有价值的奖赏，这种奖赏，不仅仅是通过"钱"等物质手段，非物质奖励也同等重要。

创新的第三阶段是"低水平做正确的事情"。我们需要强调创新和转型不能一蹴而就。也就是说，我们自己、团队、事业在这样深刻的变化中必然会面对一系列的挑战，当我们把某些资源从原有的事业方向转移到新的事业方向上时，原有的业务增长很可能会出现暂时的下降，而新的方向又不能马上体现出业绩，那么企业就会经历一种典型的"变革初期负效应"，在这个阶段也最容易出现"行而不达"的现象。

面对这个时期出现的暂时性业绩瓶颈、压力，甚至业绩减少的情况，我们有两个选择：一是退回到原有的增量扩能的传统老路中去，但时代和外部环境的变化已经成为事实，这种"回退"无异于"饮鸩止渴"，所以其实是退无可退；二是努力地学习和实践低成本创新的方式方法，尽快掌握并娴熟使用过去不熟悉的方法论和工具，成功实现转型升级。

这就需要我们在创新过程中秉持"一万小时定律"，不断地实践和探索。如果没有明显的创新成果，就想想创新是否积累了一万小时。一般来说，一个企业在实践创新的过程中想要看到初步成果，再快也需要两年左右，慢则要三至四年的时间。所以，企业家带领团队成员在创新过程中要耐得住寂寞、稳住脚步、全力以赴，这样才能在新的事业征程上取得成功，最终达到在新环境下继续"高水平做正确的事情"的境界，即我们追求的"知行合一"。

3. 东方创新精神与源动力

如今的企业家群体在企业创新转型上缺少初心和源动力，但其经营企业尚不过二三十年，跟当年丝路商人们传承千年相比可要短暂得多。那么，古时的商人是如何激励自我、感召团队，有效传承商业精神的呢？

回望黄沙漫漫的丝绸之路，从物质上讲，我们跟100年前的人们已然不在一个维度；从精神上看，我们与3 000年前的人们依然在同一个维度。从千年丝路商旅所秉承的东方商业精神中细细找寻，我们将找到新时代所需要的创新之源。

向今天的西方探寻创新方法论与工具，追寻创新的技术与人才时，回望东方的丝路精神，将为我们找到中国人的创新精神源动力。

东方丝路商人的远见与洞察

在欧亚大陆的中古历史上，曾经有过一条连接大陆最东端的中国和最西端的罗马之间的贸易通道，这条贸易通道在 1877 年德国地理学家李希霍芬的作品《中国》（*China*）一书中被首次命名为"丝绸之路"。

这是人类历史上有文字记载以来，历时最长、跨越距离空前的一条贸易大通道，可以称得上是人类历史上第一条跟贸易直接关联的"高速公路"。它从中国的长安出发，越过河西走廊，在敦煌分为南北中三路，跨越中亚、地中海，一直到达欧洲。

在丝绸之路开启年代前后，正好是欧亚大陆第一轮融合的开始。马其顿帝国赫赫有名的亚历山大大帝以武力打通了从欧洲东部直到西亚、中亚和印度河流域的陆路交通，汉武帝最亲信的两位将领——卫青、霍去病纵横大漠，开展了跨越数千公里的闪击战，彻底征服了心腹大患，迫使匈奴西迁。一东一西两大强权，它们前无古人的武力扩张导致东西方文明在中亚开始交汇，这就是当时的时代背景，也是丝绸之路兴起并绵延不绝、无比繁盛的重要宏观背景。

对于伟大的丝路商人而言，他们顺应宏观的时代背景，经过慎重评估，决定走出舒适区，远离世代生活的绿洲，迈开脚步，走向未知。他们没有沿着南北方向扩张、布局、渗透，而是牢牢地把连接东西向的丝绸之路作为自己事业的起点和终点，用全部的精力在正确的方向上付出了艰苦卓绝的努力，从而开创了伟大的丝绸之路。

构建创新平台模式

来自东方的丝路商人在一千年的时间里，以欧亚大陆的连接点为出发点，构筑出了人类历史上最伟大的商业模式——平台式交易，最终创造出了横亘万里、跨越千年的丝绸之路这一伟大奇迹。

引流与稳流："聚落"，节点

首先，丝路商人的网络建设很完善。他们沿着整个丝绸之路设置了数以百计的"聚落"，特别是在大国军事战争留下的后勤补给线和水源补给线上建立"聚落"。

这些"聚落"建立后，既可以了解所在绿洲的农业收成和可交换物资的状况，又能快速地了解游牧民族的短缺资源及可供交换的资源数量、品种。建立在交通要道上的"聚落"同样能迅速地了解到东来西往的客商运送的物资品种、规格、数量以及商队的其他关键信息。

因此，当这些"聚落"构建起来后，一张覆盖整条丝绸之路的巨大网络系统就形成了。

其次，他们找到了"一根针戳破天"的关键点。

丝路商人做得非常巧妙的一点是控制水源。他们在丝路上，特别是在远离绿洲的戈壁、沙漠和交通干道上，依托西汉王朝征服中亚时构建的后勤补给站，尤其是那些戈壁荒漠中的水源点，抓住东来西往的商队们必须补水这一重要痛点，形成了非常有效的导流能力。

图 26

变现：君子爱财取之有道

首先，丝路商人立足于帮助客户创造更高的价值。

他们不是简单地进行买卖交易，而是善于归拢和处理商业信息，能够准确告知服务对象，在何时、何地出售或购买何种商品，容易获取最高的收益。丝路商人帮助绿洲的农民把农产品卖到更高的价格，帮助草原民族把游牧产品卖到更高的价格，也帮助商队到恰当的部落、绿洲出售恰当的商品。

其次，丝路商人帮助客户提升效率。

丝路商人一直在为农牧民、商队等提供大量的增值服务。比如帮他们做产品定价、商品鉴定，为他们提供租赁和融资服务，提供宗教祈祷服务。在这个过程中，这些增值服务促使他们和客户建立起更深层次的信任，而这种信任关系又为他们进一步向客户提供商业信息，并让客户愿意按他们提供的解决方案执行创造了条件。丝路商人不断提高丝路商旅的效率，从而让客户有更高的收入、更低的成本，而且在这个过程中他们也获得了更大的变现可能。

最后，丝路商人善于利用大事件和长周期。

他们通过"聚落"建设帮助丝路形成了一个可以自行维护、运转的空间，并且通过"聚落"传递信息，提供增值服务，同时密切观察丝路上各方发生的大事件。他们有足够的耐心，在漫长的丝路上等待真正有利润的交易。在古代贸易中，其实只有少数贵族对远距离奢侈品有需求，而战争往往会给商人带来巨大的机会，满足战争对大量战略物资的需求，也会让古代商人暴富。丝路商人通过编织这些遍布丝路的"聚落"点，生成了探查大事件和长周期获利信息的触角，使其足以反过来维护其上百个重要的"聚落"。

创新过程的开创与传承

在丝绸之路延展的过程中，丝路商人一个关键性的决策是沿着东西方向进行连接，利用西汉王朝和马其顿帝国的扩张，在东西方的战略要津上寻求利益。

这样一种战略选择，或者叫历史性的方向选择，使丝路商人在远离自己熟悉的河中地区绿洲后，得以在更广阔的空间展开布局。他们必须直面族群的大迁徙，必须用一种前所未有的方式在大迁徙过程中沿着东西漫长的交通线建立自己独特的贸易优势，再用"聚落"的形式构建起完整的丝路贸易网络。

丝路商人的这种迁徙与"聚落"便代表了他们创新过程的开创与传承。

迁徙其实有两层含义，从字面上看，"迁"是离开的意思。对于丝路商人而言，迁的原因显然是出于生存的需要和逼迫，因为丝路商人原来居住的阿姆河与锡尔河之间的河中地区已经被强邻马其顿侵占了。

面对丝路商人的不断反抗,希腊把一座座城市摧毁后建立了数十座亚历山大城,对整个区域施行严密的殖民统治,迫使原来的丝路商贵族远离故土,寻找新的生活空间和生存之道。"徙"这个词代表的是其中跋涉的艰辛,丝路商人迁徙于欧亚草原在历史上是一种常态。

大迁徙中"迁"代表方向,而"徙"则是在移动中不断克服困难。这不是个人的远足,而是一个民族、一个族群的转移,大量家庭被迫面对纷繁复杂的环境,并为此做好充分的准备。迁徙不是一场愉快的旅行,而是一场必须考虑到未来困难的远距离跋涉。

图 27

"聚落"其实也是由两个词构成的。一是"聚",二是"落"。

在丝路延展的过程中,丝路商人采用了一种非常独特的方式。他们从河中地区出发,沿着东西方向不断派出大大小小的族群,在不同的绿洲边缘、在重要的饮水点周边、在沿途的贸易集市上,有组织地进行拓展。

为什么一定是"聚",而不是独行侠的孤胆英雄行为呢?因为在出行过程中,没有一个个体可以强大到战胜孤独和未来的不确定性,要想在未知的道路上坚持下去,至关重要的是"有组织"。

换言之,之所以要组织在一起,第一是因为恐惧,个体无法克服对未知领域的巨大恐惧感;第二是因为组织层面的精神内核可以帮助成员以稳定的状态面对未知环境的不确定性;第三是任何组织都需要组织意志,需要分工协作,只有这样才能有效推进组织意图。

丝路商人在清晰地看到构建丝绸之路的历史意义后,开始向东西两方不断派出商队,这不是进行一次性贸易,而是深入到沿线绿洲和居民点,建立起自己的商业堡垒。"聚落"的"落",从字面上讲就是往深处扎根。

在"聚落"形成的过程中,众多有组织的族群成员在迁徙的方向上建成一个个据点,其中的重点是能否让这些据点扎下根来,能够长时间发挥强大的功能,在贸易中发挥中转枢纽的作用。这就要求这些据点不仅占有有利位置,而且要真正生根发芽。

要让据点生根发芽，丝路商人就必须勇于面对困难。丝路商人在"聚落"扩张的过程中，通过有组织、有管理的族群迁徙，从过去的舒适区——绿洲，走向未知的沙漠、草场和新的绿洲，虽然组织的管理和宗教的引领可以让众人统一行动，但这并不意味着他们前进的路上没有困难。不同地域的绿洲等待开拓者的绝不仅是善意，文化、宗教、信仰的差异，水、绿地、牲畜等资源的匮乏，都会让原住民对外来的移民产生巨大的不信任感，从而制造出很多麻烦、挑战，令后来者陷入险境。

"聚落"人员必须在内心深处把克服这些挑战视作前进路上的阶梯，换言之，往深处扎根的本质意义就是不断克服这些困难，只有有效化解各种困难，才能真正深入到全新的区域。在草原和荒漠中会存在一些小的种群，他们即便在干旱的大漠中也能找到吸取养分的方式，从而得以在沙漠深处静静地生息繁衍。

创新源动力

在丝路商人控制丝绸之路的历程中让我们印象最深刻的一点，是他们始终能保持不枯竭的源动力。

中国的市场经济到现在只搞了30多年，但是我们看到很多企业家已经深感疲惫，缺乏让事业持续下去的源动力。这些企业家的下一代在人生规划上很多也都没有把经营企业作为自己未来的方向，有些企业家甚至希望自己的孩子将来不做企业。

这种内心源动力匮乏的情况将严重影响中国商业生态的可持续性发展。

古代商人面对的外部环境，包括政治、经济、人文和地理环境，一定比我们今天遇到的困难和挑战要复杂得多，但是他们却执着地坚守了千年，历经数十代传承下来。这里面最值得我们研究学习的就是他们在商业经营背后积淀下来的商业精神，也就是我们所倡导的事业源动力。

所谓事业源动力，放到今天就是从传统产业再出发，走向创新的源动力。丝路精神将帮助更多的企业家找到创新的内心力量。这也是创新过程中最为稀缺的关键要素。

当我们向西方、向硅谷追寻今天的创新方法与工具，我们应向丝路、向历史追寻创新的精神与源动力。

丝路精神——一个与中国紧密相连，更具历史深度的图腾，将给今天中国的创新征程找到更多古老的精神寄托与支撑，这也许是中国的创新精神之源。

4. 创新的灵魂是企业家精神

生意人与企业家的区别在于：前者做事只为了赚钱，后者赚钱是为了做更大的事情。著名管理学大师彼得·德鲁克认为企业家精神的本质就是创新精神。

最早系统阐述"企业家精神"的是哈佛大学经济学教授约瑟夫·熊比特。他提出的"创造性破坏"理论形象地描述了企业家的创新精神。在这个世界上，总有那么一些人，他们有着改变自己命运的强烈愿望，他们在不断寻找发展事业的机会，他们总在寻找既有经济结构和商业模式中不合理、不协调、不完美的地方，而且坚信自己能够用新的方法为顾客带来更大的价值，获得利润则是他们这种创新行为如果运气很好又获得了成功所得到的奖赏。这些人被称为企业家，创新则是他们的基本特征。

如何理解这段话的含义呢？

第一，创新是唯一应该得到额外奖赏，也就是超额利润的行为。一般的、重复性的、模仿的商业行为只能得到社会平均利润。

第二，创新是经济社会持续的、不间断的过程。换句话说，任何今天的成功者都正在成为被颠覆者。你所获得的超额利润就会吸引新的进入者与你争抢利益，总有新进入者在谋求超越和颠覆既有成功者的可能。在这个意义上说，商业上的常胜将军可谓凤毛麟角。

第三，从本质上说，技术只是创新的组成部分。技术创新是创新中的一类，但在技术含量高的领域同样存在大量平庸的模仿者，这样的企业也与创新和企业家精神无关。比如，机器人听起来是一个高科技行业，但进入 2017 年，中国已经出现机器人产能过剩的问题。显然，这种过剩是结构性的。因为肯定有很多需要机器人的领域并没有得到有效满足，但在大家都会的领域，低水平重复竞争的状况已经出现。不以抄袭和拷贝为耻，没有标新立异的自豪感，这是企业家精神的宿敌。

相反，很多传统行业企业如果在不断创新它的业务模式和运营方式，也是企业家创新精神的生动体现。

第四，创新并非灵光乍现，而是一个可管理的过程。大家阅读了本书前面的章节应该对此有深刻的感知。有了创新的"五线谱"，一个企业的团队形成合奏，创新就会发生。

创新要不断采用新的生产要素，企业的确需要不断转型适应环境的变化，但转型不是转行。"没有夕阳产业，只有夕阳企业"，立足自身，不断聚焦客户需求，深度挖掘客户价值，才是基业可以长期生存的正确选择。

什么是触发创新的因素呢？

创新的第一个因素是人口结构变化带来的新的消费特征。

消费升级与供给侧改革是一个硬币的两面。中国人均收入已经接近 10 000 美元，3 亿~4 亿的城市中产阶层消费人群的消费结构和消费水平正在发生深刻变化。对于企业来说，一定要深刻洞察自己所处行业消费升级的趋势。

服装行业、餐饮行业、旅游行业、零售业等都会有各自消费升级的特征，但有一个基本规律肯定是对的：商品和服务的需求越来越超越基本功能，高品质已经成为竞争的基本门槛，挖掘功能之外的情感、文化等因素成为必然。

首先，人口结构也在发生微妙的变化。比如二孩政策放开后，不仅母婴市场会有放大，再怀孕产妇、城市二孩妈妈等也是过去30年没有的新消费群体。城市里大量存在的单身家庭、丁克家庭都会有自己独特的消费特性。65岁老年人口的迅速增长，长寿老人的增多，都会成为新的消费群体。

其次，随着"80后"、"90后"，乃至"00后"人群成为就业和消费主力，消费者的消费心理和消费行为也会表现出与他们的父辈明显的不同。这是一群基本上没有经历过短缺的一代人，他们中的相当一部分人靠自己的努力可能永远不可能在大城市买到房子，但他们又不肯回到农村的家乡，甚至不愿意去三四线城市生活，这些人的消费结构会有自己的独特性。

这些肯定没有穷尽人口变化的所有情况，但当你寻找创新的方向，挖掘创新的机会时，清晰锁定、细分目标人群，从研究他们的消费特征和消费偏好开始，才可能深入洞察他们的隐性核心需求；一旦找到了这样的触发点，就找到了打开市场的密码。

创新的第二个因素是以全球化为特征的市场的无限扩展。

互联网打掉了所有的边界和壁垒，对于一个中小企业来说，面向全球市场和全世界消费者做生意已经成为现实。反之，借助中国巨大的市场反向引进甚至是收购全球产品、技术、品牌也正在成为一种新趋势。

这种全球化市场的扩展反过来会强化专业化分工，这也将孕育和带来众多新的商业机遇。比如，一个中小企业如果与 30 个国家的消费者打交道，可能需要使用 20 种语言，熟悉多种消费文化，而一个中小企业不可能完全具备这些能力，它就需要使用各种工具，比如多语种的翻译工具，寻找各种专业人员为自己服务。

专业化分工是经济发展的动力，也是经济发达的结果。这是亚当·斯密在《国富论》（*The Wealth of Nations*）中就详细论述的市场经济的基本原理，而今天，专业分工的细化可以说是无限的，越专业就越有把一项服务、一个产品不断推向极致的动力。不断推向极致的过程就是创新的工程，无论他做的是一个手工的纽扣，还是一个可以植入人类心血管的纳米机器人。

创新的第三个因素是技术进步。

《奇点临近》（*The Singularity is Near*）的作者库兹韦尔说，人们往往高估一项技术在短期内的影响，因为会忽略技术发挥作用所依赖的其他因素不完善的影响；而又会低估技术的长远影响，因为人们往往以线性的思维来看待技术进步的威力，意识不到技术效应的指数级增长。

从互联网、大数据、物联网、人工智能快速迭代的状况看，现在我们已经处在技术进步急剧加速的时期。这些新技术首先会催生新的产品和服务，比如我们今天享受到的大量免费互联网服务（当然这些免费也是有代价的）；另一方面，这些技术也可以向各个行业赋能，"互联网+"使很多行业发生了深刻的变化。

从开始的效率提高（比如财务软件使财务记账和核算的速度大大加快，财务人员的工作质量随之提高），到业务流程优化，再到商业模式创新和产业价值链重组，都需要企业一一适应。在这个过程中，只有围绕自己的业务特性，使技术和业务有机深度融合，才能使企业有适应新经济的脱胎换骨的升级变化。记住，在推动业务增长的要素中，资本、劳动力都会呈现出边际效应递减的特性，只有不间断地技术进步会给我们带来创新的长期惊喜。

最后，技术进步带来的企业组织模式的变化。

如果总能做到组织模式与技术进步相适应，那么企业的发展动力就是持续的，而且会有"一览众山小"的感觉。

例如，15~16世纪荷兰的崛起。我们很难想象一个国土面积只有两个北京大小，如果没有精致的疏导系统，海水一涨潮就要淹没1/3国土面积的国家竟然在一个多世纪的时间里一直是世界第一强国，而在人类历史上，只有荷兰、英国和美国在当时可以被称为"全球性帝国"。

是什么使荷兰这样一个被称为"海上马车夫"的小国统治世界

呢？说起来似乎很偶然。1358 年，一个叫威廉姆·伯克尔斯宗的渔民发明了一种"只需一刀，就可以除去鱼肠子"的方法。有了这样的刀具，荷兰的渔民（当时荷兰 20% 的人口靠捕鱼为生，捕鱼是荷兰的经济支柱）就可以到更远的地方打鱼。因为捞上来的鲱鱼可以快速破肚开膛，撒上盐，这样出海两周，甚至一个月，这些鱼也不会腐烂。而随着出海的距离越来越远，就需要建造更大的船，而一个人往往没有这么多钱造大船，于是，就产生了"股份制"，很多人把钱凑到一起造大船，分担风险、分享收益。于是，股份公司诞生了。人们持有了某个公司的股份，但如果临时需要钱怎么办？于是就有了股票交易所，可以把持有的股票卖掉变成现金。这样，荷兰有了人类历史上第一个股票交易所。而在股份制的推动下，就有了东印度公司这样在全世界开展殖民贸易的大型公司。

我第一次听到这个故事是在《大国崛起》的纪录片中，这个故事使我沉思良久，这是技术进步对制度创新触发的生动写照。如果我们举一反三，当我们采用新的技术手段时，一定也要想到管理制度要随之做出变化和调整，这样，创新的步伐就不知不觉地变得轻快了。

如果把创新看作一种态度，来自对卓尔不群的成就感的追求，那么，其间的困难挑战就成了勇敢者拼搏奋斗的插曲与花絮。越困难，越精彩。

　　如果把创新看作一种执着，来自对"不同"无休止的追求，来自对客户、对社会、对国家、对人类所创造的价值，那么，无论创新多么微小，都弥足珍贵。

　　因为你无法判断这样微小的"蝴蝶效应"在什么时候、在哪里，会掀起怎样的滔天巨浪。而创新者会让世界和人类变得更美好！

《迈向卓越》总裁峰会

**3万名企业家的共同选择,
助力学员企业完成60亿股权投资**

**超过1500家学员企业挂牌新三板,
挂牌后获得超过150亿融资**

中国经济将长期处于"L"型走势,宏观经济持续低迷,实体经济更是一片萧条,**企业倒闭、老板跑路、工厂关门**成为经济新常态下的企业新常态。**资金链紧张面临断裂风险、管理不善导致人才大量流失、销售拓展乏力以致市场份额急剧萎缩……**,这些困扰企业家多年的问题不仅没有任何缓解,反而是愈发严重,成为压在企业家心头的一座座大山。

这些问题的背后,本质是企业**创新能力和核心竞争力的缺失**。

《下行周期中小企业突围之道》总裁峰会,基于盛景赋能中小企业十年创新实践精心打造,通过一套完整的创新方法论和工具帮您系统了解**融资、上市**的关键秘诀,学习如何**创新商业模式**,奠定企业未来**十倍利润、十年发展**的基础,洞悉销售渠道拓展的关键方法,快速扩大市场份额;更可对接盛景平台所链接的顶尖创新资源,引入**新技术全面提升生产管理效率**,融入超过30000家优质企业的商机交易平台,**低成本高效拓展新商机**,获得**融入新经济、投资新经济**的绝佳机会。

▇▋ 峰会主题精华集锦

- 经济寒冬下的**中小企业突围**之道
- 顶层思维构建：**换脑换芯换操作系统**
- 资本运营：**融资、上市、股权激励**
- 商业模式创新：**构建独特竞争力，摆脱同质化竞争**
- 打造企业快速盈利系统—**应对利润下滑危机**
- 商机对接—**快速提升企业业绩**
- 销售突破—**快速扩大市场份额**

▇▋ 峰会三大价值

价值一：
颠覆传统思维，换脑换芯换操作系统

换脑换芯换操作系统，从价值观、产业、资本、客户、团队等各个维度彻底重构商业价值观和对商业世界的认知，从根本上颠覆旧有商业逻辑，培育以创新为核心的企业经营新商业思维，找到企业发展的加速度，实现企业倍增突破。

价值二：
创新*资本新双轮驱动，系统性提升企业经营能力

方向比努力更重要，盛景系统性创新工具和方法论帮助您从顶层设计层面找到企业发展的关键性、方向性路径，培育企业发展的创新*资本新双轮驱动，用商业模式创新构建企业独特竞争力、避免同质化竞争，用资本放大企业经营，获得十倍、百倍价值，让企业在正确的道路上获得高速成长。

价值三：
链接高端人脉，拓展新经济商机

融入超过30000家优质学员企业的高端商机交易平台，低成本高效拓展商机、寻找商机，并可享有盛景优质同学资源，链接顶尖人脉、融入高端圈层，更多的商业机会和资源将为企业未来的发展打开一扇新的机遇之门。

彭志强 · 商业模式生死转型

《彭志强·商业模式生死转型》音频专栏，由国内最早从事商业模式深入研究、孕育了1500家新三板挂牌企业的盛景网联、盛景研究院倾情打造。多年来，盛景对于商业模式创新的研究成果，历经上万中小企业实践和验证的洗礼，已成为中小企业创新的经典方法论，并在移动互联网、人工智能等新兴经济领域保持极强的解释力和包容力。

即刻订阅，将十年精华装进口袋，随时在线聆听商业模式的6式、8大洞见、10种经典商业模式，真正理解商业模式的奥秘，真正理解企业经营的顶层设计，让企业赋能加速、持续成功！

因为，方向，真的比努力更重要！

主讲嘉宾

彭志强

盛景网联集团董事长，盛景研究院院长、盛景嘉成母基金创始合伙人

中国著名商业思想家，全球创新事业的顶层投资人。秉承"赋能中小企业，加速中国创新"的使命，致力于引领盛景成为最受尊重的世界级创新服务平台。

彭志强先生创办的盛景研究院，是国内最早从事商业模式深入研究的专业机构；其核心研究成果"商业模式六式"，业已成为中小企业商业模式创新的法宝。

彭志强·商业模式生死转型

让企业赋能加速、持续成功！

收听方式

关注微信订阅号"**盛景商业评论**"
（sjwl360）即可收听。

产品详情及购买